《山西文華》編纂委員會 編

山西出版傳媒集團
三晋出版社

山西文華·史料編

河東鹽務議略 中國鹽政沿革史·河東

清 佚名◎撰 民國 鹽務署◎編

圖書在版編目(CIP)數據

河東鹽務議略　中國鹽政沿革史·河東 /（清）佚名撰；鹽務署編. —太原：三晋出版社，2018.8

ISBN 978-7-5457-1756-3

Ⅰ. ①河… Ⅱ. ①佚… ②鹽… Ⅲ. ①鹽業史—史料— 山西—近代 Ⅳ. ①F426.82

中國版本圖書館 CIP 數據核字(2018)第 219606 號

☆　本書版權由上海圖書館授權出版發行　☆

河東鹽務議略　中國鹽政沿革史·河東

撰　　者：〔清〕佚　名

編　　者：〔民國〕鹽務署

責任編輯：董潤澤

特約編輯：張仲偉

封扉設計：山西天目·王明自

出 版 者：山西出版傳媒集團·三晋出版社（原山西古籍出版社）

地　　址：太原市建設南路 21 號

郵　　編：030012

電　　話：0351-4922268（發行中心）

0351-4956036（總編室）

0351-4922203（印製部）

網　　址：http://www.sjcbs.cn

經 銷 者：新華書店

承 印 者：山西人民印刷有限責任公司

開　　本：700mm × 1000mm　1/16

印　　張：13.25

字　　數：200 千字

版　　次：2018 年 8 月　第 1 版

印　　次：2018 年 8 月　第 1 次印刷

書　　號：ISBN　978-7-5457-1756-3

定　　價：80.00 圓

ISBN 978-7-5457-1756-3

9 787545 717563 >

版權所有　翻印必究

《山西文華》編纂委員會

主　任　樓陽生
顧　問　廉毅敏
副主任　張復明
委　員　李福明　李　洪　郭　立　閻潤德
李海淵　武　濤　劉潤民　雷建國
張志仁　李中元　閻默彧　安　洋
梁寶印

編纂委員會辦公室
主　任　安　洋（兼）
常務副主任　連　軍

《山西文華》學術顧問委員會

李　零　李文儒　李學勤　袁行霈　唐浩明

梁　衡　張　頷　張光華　葛劍雄　楊建業

《山西文華》分編主編

著述編　劉毓慶　渠傳福

史料編　張慶捷　李晉林

圖録編　李德仁　趙瑞民

出版説明

山西東屏太行，西瀕黄河，北通塞外，南控中原，是中華民族的主要發祥地之一。中華文明輝煌燦爛，三晋文化源遠流長。歷史文獻豐富、文化遺産厚重，形成了兼容並包、積澱深厚、韵味獨特的晋文化。山西省政府决定編纂大型歷史文獻叢書《山西文華》，以彙集三晋文獻、傳承三晋文化、弘揚三晋文明。

《山西文華》力求把握正確方向，尊重歷史原貌，突出山西特色，薈萃文化精華，按照搶救、保護、整理、傳承的原則整理出版圖書。叢書規模大，編纂時間長，參與人員多，特將有關編纂則例簡要説明如下。

一、《山西文華》是有關山西現今地域的大型歷史文獻叢書，分「著述編」「史料編」「圖録編」。每編之下項目平列；重大系列性項目，按其項目規模特徵，制定合理的編纂方式。

二、「著述編」以一九四九年十月一日前山西籍作者（含長期在晋之作者）的著述爲主，兼收今人有關山西歷史文化的研究性著述。

三、「史料編」收録一九四九年十月一日前有關山西的方志、金石、日記、年譜、族譜、檔案、報刊等史料，

以影印爲主要整理方式。

四、「圖録編」主要收録一九四九年十月一日前有關山西的文化遺産精華，包括古代建築、壁畫、彩塑、書畫、民間藝術等，兼收古地圖等大型圖文資料。

五、今人著述采用簡體漢字横排，古代著述采用繁體漢字横排。

《山西文華》編纂委員會

出版前言

本集所收録的《河東鹽務議略》（以下簡稱《議略》）和《中國鹽政沿革史·河東》（以下簡稱《沿革史》），均屬有關河東鹽業的叙史類資料，故作爲一集，歸於《山西文華》之「河東鹽業史料集成」予以影印出版。

《議略》一書爲手抄本，不具撰人。据其中所述時間下限，爲清同治四年（一八六五），則此書之撰作，當在清同治年間或光緒初年，觀其所述河東鹽務爲通史簡編性質，似爲執政者作參考之用； 又其用紙爲「松竹齋」箋紙，考「松竹齋」應即北京榮寶齋； 而其抄寫先工後草，故此稿或爲清末鹽政官署組織編纂的河東鹽政圖書初稿。 觀其内容，大致分三部分： 其一爲河東鹽池的地理狀況及開發史，其二爲河東鹽的生産史，其三爲河東鹽之運輸銷售及經營範圍。《議略》一書之重點在其三，可重視者又有二： 一是河東鹽與蒙鹽、淮鹽銷售的衝突與互補，可見天下銷鹽的歷史變化概況，二是明清以來政府與鹽商互相依存，又互相抵觸的情形，可謂是一部曲折宛轉的河東鹽生産、銷售及管理史。其中有關各地産鹽、銷量及徵税等經濟數據尤爲具體，可知作者非但熟於鹽政且作了大量史料鈎沉工作。 因此，《議略》一書，誠屬河東鹽政史的重要資料。此件現存於上海圖書館，在近百年河東鹽業研究史上，似未被提及，屬於稀見之作，故其内容雖少，而價值甚高，今予收録出版，使之廣泛傳播，以供有關研究者參考。

《沿革史》一書，爲民國初年鹽務署刊行之著作，其内容記述了全國鹽業歷史。其中「河東」分册，附「山西北路」「陜甘」「新疆」三地之鹽業發展史，以河東爲内地鹽業之首，且所附三地與河東鹽業關係密切，故予附録。所以，此次收録《沿革史》之「河東」分册，也將附録之三地鹽業史一併收入。

《沿革史》之述河東鹽業史，其思路大致如《議略》。二書之一致處，因收録爲一集，可以互見。事實上，《沿革史》之骨架，與《議略》頗相似，可見出作《沿革史》之專家，似參考過《議略》之内容，或前後有某種傳承關係。但《沿革史》更進一步，其體例一如《左傳》，以《春秋經》爲骨干，以數句爲節，然後中史書爲疏證，故《沿革史》之内容，較《議略》更豐富，更客觀，堪稱對古代鹽業史脉絡的全面梳理。

總二書所述，其述地理概念及鹽池之概況，皆較簡略，其重點在鹽業之經營方面。所謂經營，一在生產，一在運輸，一在銷售。自漢代以來，特别是元代以來，其焦點不外徘徊在官辦與民營之間，其云官運民銷，官運官銷，官收民運，等等，是一部官與民合作或博弈的歷史，是这部鹽業史的核心。除此之外，二書的重要細節性史料，尤是經銷、捐税等具體數字以及軍事、天災等巨變對河東鹽産運銷形成的影響等内容，允稱翔實，值得重視。唯二書之作者未及考證坐實，爲一憾事，以待後考，也望有識者不吝賜教。

郭建平

二〇一八年八月

目録

河東鹽務議略

河東鹽務議略

天下產鹽之區、皆因天時、乘地利、而刮土淋滷、至於煎曬成鹽、總賴乎人力居多、若夫水面自結鹽花、撈取即可食用、無待人工之施者、惟河東鹽池而已、池居中條山麓以北、涑水綿其左、黃河繞其右、東據安邑、西據解州、廣袤長五十里、南北闊七里、地勢四面皆高、池居其中、形如釜底、北高南下、最南為護寶長堤、靠堤為黑河、即池積水之處、其味鹹、鱗介不育、其性溫、隆冬不冰、泥土純黑稍深顯露硝版、此即鹽根、池水不溢不涸、或曰海眼、即山海經所謂鹽販之澤也、池北列地治畦。為種鹽之處、再北料臺邊庵櫛比

上海圖書館藏

鱗次、為工人止息存鹽之處、周圍築以土牆、名為禁垣○此係明時創修、後來歷經加高培厚、計高一丈六尺、基厚六尺、周圍共長一百十四里、禁垣之外有馬道、馬道之外有隍塹、內設三十二鋪、外設三十六鋪、皆有弓兵分段巡邏、所以防盜竊走私者至嚴也、一池本分三場、東為東場、中為中場、西為西場、設三大使主之、故禁垣○惟北面開三門、東曰育寶、距安邑五里、西曰成寶、距解州十里、中曰祐寶、祐寶門外為運○城○蓋運治之所在也、在昔解鹽多蒞治於解州、城人眾且偏處一隅、鞭長莫及、自元姚行簡繪圖獻議、始立司於此地、正居池之中、本名路村、元延祐間、淫雨敗池、仁宗蠲

免引鈔十之六七民懷其德又名為聖惠鎮時尚未有城也元末運使那海俊德始築鳳凰城以資保障城週九里十三步廣長各四之一高二丈四尺經明巡鹽諸臣增設敵樓望台甃以磚石守具漸備 國初姜瓖之叛皆毀於賊嗣經巡鹽御史大加修整且撥營汎弁兵守禦至今遂成岩疆焉運城北門外為姚暹渠蓋池形最低每逢大雨時行山水往往破垣灌池池受客水即鹽花不生則保護鹽池渠堰之工最為緊要矣姚暹渠即古之永豐渠也本後魏都水校尉元清所開至隋大業間都水監姚暹重加濬治民賴其利因以號焉渠起夏縣之王峪口引史家峪諸水合流而

東、自東而北、又合巫咸谷之水、折而西流、歷安邑解州虞鄉縣界、入五姓湖以達黃河、計長二萬三千七百零七丈八尺、蓋所以約東南客水、使西歸於河者也。池東則有白沙堰、李綽堰、雷鳴堰、白家堰、黑龍堰、附近禁垣。有東禁堰、池南逼近中條山、極東有桑園堰、次之為常平堰、次之為龍王堰、次之為短堰、極西為趙家灣堰、以上各堰、長者千餘丈、短亦百餘丈、皆所以防山水暴漲使東入於渠者也。距運城西六十里許、有六小池、一曰永小、一曰金井、一曰賈瓦、一曰夾凹、一曰蘇老、一曰熨斗、地屬解州、方長不一、其形、其最大者、池面不過畝餘、零星散布、產鹽無幾、小池西北數里、又

有一池、廣袤三十餘里、名為女池、其池客澇時注水、滿則淡生魚、水涸則苦生硝、故又名硝池、水經注所謂女鹽澤是也、其六小池、統謂之西池、唐時設女鹽澤監、董司西池、元末廢棄、明時曾允勤民之請、採鹽六小池、以一半入官、一半歸己、名為半報、尋亦停止、

本朝康熙乾隆年間、兩次客水敗池、鹽無所出、經鹽政疏請開曬小池、以資配運、惟硝性太濃、鹽味苦澀、且離運城稍遠、商人照應為難、利少弊多、旋即永遠封禁焉、至女池則未嘗開曬、但愚民時竊取硝、冒鹽賤售、阻法病課、封禁尤嚴、惟硝池正當中條山谷之下、地勢較大池為高、每夏秋雨集、山水皆以硝池為壑、池不能容、

當西會石樓王官峪諸水、由新河達小湖橋以入黄河、第新河一帶、時患淤塞、則石楼王官之水、反倒灌硝池、東趨禁垣、如建瓴矣、故硝池之東、有硝池堰、附近山根、有五龍堰、迤東有七郎堰、又東有阜刀堰、七郎阜刀之北、有長樂堰、此皆池西之保障、所以防山水使不能東犯者也、凡灘在渠堰上下、皆為護池灘地、雖分隸各州縣、遇有報壅、歸鹽官經理、不准私種、恐農人愛田盜決渠堰、以害池也、歲修各工、向派蒲解十三州縣、民夫應役、頗為擾累、自雍正三年停止民工、每年撥雜課銀五千兩、為歲修之用、遇大工程、由商人借帑修理、分年扣還、而十三州縣不受渠堰之累矣、渠堰

既治、鹽池之患消、鹽池之利始興、當夫夏令甫屆、薰風時來附岸池面綴珠凝脂、鹽顆自結、虞帝所歌薰風阜財、即指此而言、故池上有歌薰樓、中條山陰有薰風洞、俗謂之鹽風洞、南風作時其洞隆隆有聲、今與池神並祀、自元迄明、皆係調派蒲解十三州縣鹽丁、趁池鹽生時、赴池撈採、謂之撈鹽、無所謂種治也、按柳宗元賦云、溝塍畦畹、交錯輪囷、宋史崇甯間載開二千四百餘畦、百官入賀則治畦種鹽自昔已然、第開畦頗費工本、非鹽丁所易辦、故後世鹽法、仍係撈採於池者多、國朝順治六年裁去鹽丁、鹽歸商種、而種治之法始詳、先就池上治地為畦、每畦闊七八丈、或十餘

丈三場各異其制、長則隨其地之所極、兩疊土作埂、堅築如砥以入水不滲爲度、畦旁各掘港道、以洩雨水、一畦爲一號、就中界爲數段、每歲二月一日、畦工入垣、蓋菴沿畦澗溝、俟南風至時、引水澆洒用橰槔挹水、注於畦之首段、時以鐵扒攪之、日曝味作、移注次段、首段另注新水、次段水鹹色赤、移注三段、俟其澄清、開隙塍隅、以灌四段、要俾清流盈科而進、水深不過一二寸、經時鹽花浮出、望如皎雪、乃用木扒徧搧、謂之搧花、花落水底、風力震蕩、逼以烈日、映水視之、如編貝然、則鹽成矣、若得小雨、顆愈鮮明、夏月生鹽獨美、春秋生鹽多硝、歲旱粒細而芒、雨得多日不烈、則青頭色、故

有青鹽白鹽之分、南風東風、則鹽成一夕、東北風西南風、則鹽花不浮、滿畦如沸稀粥、謂之粥發、色惡味苦、須刮棄畦邊、待風轉時、再上水澆曬、方堪食用、惟池深岸高、内無不竭之源、外無可引之派、雨則病澇、旱又病枯、天時本難得宜、自乾隆二十二年、奸民盜決硝池堰、客水灌池、上淤泥沙甚厚、雖歷經挑濬、總不能仍前深通、顯露鹽根、東場商人劉阜和、創爲掘井澆晒之法、合場效之、現俱就池中掘井、或五六丈、或七八丈、汲出井水、自然味鹹色赤、不須撈練、成鹽頗易、然説者謂其盜洩地氣、理或然也、至八月停曬、各計獲鹽之多寡、每千引爲一料、於高阜處築料臺存積、覆以白

茅、塗以黃、泥以待配運、運盐必先領引、領引必先封課、河東課以錠、計引以名、計則有所自來矣、當初盐丁撈盐、每丁日責撈盐一引、至四月初一至八月初一共四個月、該撈盐一百二十引、故一百二十引為一名、一名之引、該正課銀四十八兩、賑濟銀一兩五錢、係賑濟盐丁者也、紙價銀三錢六分零、係解部刷引者也、餘銀一錢三分零、名為扣錠、即以零歸整之說也、共成五十兩、統歸正課、故謂之一錠、課引原不相離、凡商人領引若干名、即謂之若干錠、商人至畦歸商種、則按引配畦、每畦配以六錠、謂之畦錠、引多畦少、每錠加配引八道、謂之小錠、餘不成錠之零引、歸為半錠、各

商額引尾數、多有不成、引之、零鹽。通身積算、成引一百十二道不能歸錠另立名目曰官。置。昌。其不足六錠商人、令其合併、總符一畦六錠之數、此就當、時、額引額畦發配、其續闢之畦、為之餘畦、續增之引、謂之餘引、不在此列、商人各立錠名、造冊達部立案、由官發給錠票、永為世業、鹽歸其種、亦歸其運、蓋坐商即運商也。迨後坐商無力致遠、另行招商辦運、於是畦歸坐商。引歸運商。而運坐遂分為二矣。第運商領引、必搨坐商錠名、以別此某畦之引、名曰坐。錠。坐商在畦澆曬、亦費貲本、運商不能徒運、每引一名酬給租息銀二十四兩名曰銷。價。引既坐錠。則引畦可不相越矣。行之既

久未免失真、且有餘畦餘引、不在坐錠之列、運商遂至任意買鹽、强者爭先、弱者落後、互起爭端、於是又有坐配之制、每開運時、按引與畦、酌量匀配、某引應配某畦、令商各自鬮定、此即中明坐錠之意、第併餘引餘畦在內、故謂之坐配也、坐配既定、然後入垣支鹽掣旋、其掣驗之法、引目先摺省縣扑、每引一名、鹽政發門票一張、運使發坐監票十二張、引票俱齊、定期放鹽、先一日由場大使預報放鹽數目、由運使差商一名、赴該禁門監收籌票、謂之監商、至掣鹽之日、商人持引票到門、除門票例由商人於掣鹽時投繳外、每車一輛、給引十道、隨給坐監票一張、車戶攜至料所、眼同坐

商按引裝盐、即將坐監票轉付坐商收繳。盐車到門、引目仍捐門扒、乃以門票呈明監掣官、鈐記掣驗放行、並領木籌、照出禁門、籌票俱交監商收繳、車户惟以引照鹽、載赴應卸之店交收、每名載盐十二車、每車給盐十引、每引裝盐兩袋。中禁門卸店於運城東西兩門外、東禁門卸店於安邑南門外、西禁門卸店於解州城内、由商分運各省行銷焉。河東盐行銷三省。山西則平蒲澤潞四府、解絳霍三直隸州、及隰州屬之蒲縣、陝西則西同興三府、商乾二直隸州、邠州暨所屬三水淳化二縣、河南則河南南陽二府、陝汝二直隸州、及許州屬之襄城一縣、共一百十九州縣。皆實銷河東

之鹽者也。若山西大原汾州等屬四十四州縣、陝西之鳳翔一府、及邠州屬之長武一縣，則食本地土鹽，而第領河東之引者也。河東額引四十二萬六千九百四十七道。內除食土鹽之太汾鳳翔等屬額引六萬三千五百四十九道。向由本處土販納稅、商人實領辦引三十六萬五千八百五十八道。內除解州安邑引八千七百道。係屬後增、無畦可坐、實坐畦錠引三十五萬七千一百五十八道。配畦四百六十五號。自雍正三年以後，歷次加增餘引二十四萬道。餘引者，銷無定地、每年於暢銷之處酌量加銷，共引六十六萬六千九百四十七道。此當時之引額也。至正課則隨引為分

為分別也當初惟每名徵銀五十兩、嗣後有銅斤水脚河工節省、及鹽官養廉辦公之需、皆按引攤徵、名目繁多、至雍正三年裁去各項名目、及官吏陋規、惟於額引每名加徵官錢銀十一兩。公務銀二十四兩八分。一切辦公、於此項內動用、餘引則官錢公務外、加徵公費銀六兩。至土鹽引稅每引祇徵銀三錢九分零。計額引應徵銀二十五萬九千三百八十兩八錢七分。餘引應徵銀十八萬二千一百六十兩。土鹽稅銀二萬四千三百二十三兩六錢九分四釐。以外有平餘、積餘、併餘三項銀一萬二千五百七兩五錢六分八釐。鹽課解部、例有隨解飯食加平、商人每千兩、多交銀二

十五兩。謂之平餘。按名徵課、每以零歸整、歸併積算、多有盈餘、謂之積餘、併餘、又唐裕澠池歸公、潞澤節省銀三萬七千八百七十八兩五錢五分五釐。數處引地、先係捏名詭商、租於供商承辦、供商猶闔之樸戶也、坐獲厚利、後經查出、交通省商人公辦、餘利歸公、以上共銀五十一萬六千二百五十兩六錢八分七釐。此當時之課額也。夫以當時之課額、較現在之課額、猶為輕減、商力似可充裕矣、然而池價增而成本重、應酬大而浮費多、如銷價即鹽價也、漸因澆曬費工、銷價第作引價、每名另議鹽價、增至數十兩、陋規本裁革也、而通綱之局面、官長之節壽、在在需費、亦且不貲、按

本計息、総多虧折、不得不設法調劑、治而议加價各岸銷盐、原有定價、乾隆二十一年、因商多虧本、先後酌增賣價、每斤四釐、繼則議加耗、舊制每引支盐二百斤。雍正三年、以盐運三省、盤山過渡折耗為多、加重二百四十斤為一。引。是四十斤即耗鹽也、乾隆四十二年、又酌議加增河東運盐、八九月至年終、農隙脚賤之時、為多、故於四個月内、每引加耗五斤。過期停止、終又議均引各商引名雖有定地、然一商或分坐三省、一縣或至有數商、引地遠近不一、美惡各殊、黠商棄瘠留肥、弊難枚舉、乾隆四十七年、將三省引地、分為上中下等、就現商引名、搭配均匀、分為五十六簽、每簽凡

八十名為率按商資厚薄酌量認辦俾無所偏枯調劑無方終莫補救有商倒乏無人承充當々者責令退商舉報五年更換俾知息肩有日自必踴躍急公但歲々招商年々更換富戶規免滋擾愈甚後又改為長商積弊相仍日深一日至乾隆五十七年勢莫能支。不得已裁去運商將鹽課歸入地丁攤征而河東之鹽法一變矣。課歸地丁似屬甚便其實難行蓋地丁有蠲緩鹽課無蠲緩愚民茫然而莫知吏胥因緣以為奸且以無課賤鹽東侵蘆綱南侵淮岸亦于大局有礙行之甫十餘年已弊孔百出至嘉慶十一年復行招商辦運規模查照舊章惟將山西食土鹽之太汾等屬

四十二州縣額引劃出、歸藩司、承領、即今之所領陽〇曲〇引〇也〇鹽稅附入地丁奏銷陝西興安邠州及所屬三水淳化兩縣之改食土鹽引稅仍歸河東故引課較前略有參差其餘一切辦法未嘗有改焉、蒙古阿拉善王有吉蘭泰鹽池一座向祇准民販赴托克托城辦鹽由黃河運至綏德州及臨縣之磧口鎮上岸分銷山西食土鹽地方、不准運赴下游當河東之課歸地丁也阿拉善王將其鹽池進獻為 國家所有商人領辦蒙鹽順流而下無虞不到每年行引八萬七千五百道、征課銀六萬餘兩、河東引地半為所佔、及復招商辦運、將阿拉善鹽池 勅還停其水運引額即加于河

東名曰吉蘭泰活引則課額已增六萬餘兩嘉慶十四年南河大工需餉浩繁議於河東鹽價每斤加錢一文易銀交納名曰河工經費則課額又增十六萬餘兩課額愈重辦運愈難且河東之鹽向侵淮岸故南陽銷路頗暢自道光十一年淮北改行票鹽鹽價大賤反侵灌河東而商力愈困當事於無何調停於長商短商之間將活引減去一半河工經費減去二成終莫能挽其頹敝由招商而變為舉報由舉報而變為簽商弊遂不可勝言大概鹽商之破產以河東為最官視鹽商為魚肉亦以河東為最蓋咸豐二年岌岌之不可終日此所以有 欽差查辦鹽務之舉也維時值淮

南初改票運鹽銷大暢查辦者仿照此意定為留商行票之法鹽之運赴河南者向自茅津渡河會集於會興鎮即以會興鎮為總岸運赴陝西者向由夾馬口下馬口二處渡河匯集於三河口即以三河口為總岸山西則於澤潞等府適中分立總岸商人但運鹽到總岸任令發販行銷查出州縣陋規二十七萬餘每廳攤銀七萬餘兩廳攤者運城設有商廳所攤辦公之費也全行裁禁并查出池價踴貴之由多緣坐商消乏將畦地租於他人坐食鋪價牟利之徒因而為奸影租者按年輪晒把持誤公先晒者盜挖鹽根囤私肥己以致池價每名增至一百二三十兩於是申嚴私

祖之禁將池價定為每名白鹽不得過六十兩青鹽不得過四十
兩潞澤節省等項攤入通省引內每引攤銀九分另籌經費以資
辦公每引攤銀七分嘉慶二十五年山陝兩省每引加鹽十斤河
南未曾議及現亦加鹽十斤以歸一律總計每引成本不過一兩
六錢比前大為輕減商人悅服情願將奏停之一半活引及二成
河工經費照舊納完此法若能奉行永久當較現在少有把握乃
未幾而捐免充商之議出其勢不得不行蓋非籌河東之鹽務而
第急目下之軍需也當時殷商九十餘家共書捐銀三百萬兩藉
佐度支發給永免充商執照所領銷價生息銀二十九萬餘兩停

其加息、分年完繳、銷價生息者、額引有銷價、餘引無銷價、當課歸地丁時、民販就池買鹽價則一律、扣出銷價、除歸畦商外、餘銀充公、及後復商庫存銷價銀十五萬餘兩、發給商人為承辦活引之用、按年出息、此款迄未清完、現尚短銀五萬餘兩、商既捐免、不能不另籌辦法、於是河南改為民運民銷、山陝改為官運官銷、民運者聽人納課買鹽、擇地販賣、官銷者、每縣籌給本銀二千兩、責其運銷本屬、以保課額、所有河工活引、節省歸公名目、一概刪除、從新酌定科則、每引征課銀三釐五毫、每名合銀一百五兩、比從前正課、計增銀七萬餘兩、然刪除河工等項銀二十六萬餘兩、全歸

無着、所以有開曬蒲灘之議、藉資補苴、蒲灘者、蒲州城外之河灘也、長約百里、寬十數里或數里不等、積濕滷鹻地、遂廢耕、居民因而刮城淋滷、近在河東肘腋、向由商人代完租賦、籌給津貼銀一萬三千餘兩、禁其刮淋、更委佐雜一員巡察、二年差滿、給予優奬、名為蒲灘緝私、輕議開曬、本屬非是、經地方審度、弊多利少、仍舊封禁、此咸豐四年也、正當長江梗阻、兩淮片引不行之時、河東盐侵淮綱、直到武漢、因而大暢、先加河南靈寶口岸引三百名、山西苛嵐十三州縣本食土盐、引早扣除、又加苛嵐引三千四百九十四道、惟陝西始因官運多滯、議改課歸地丁、繼因完納不前、亦改

去一半而所加課費僅存三分之一矣、現在山西行引二十萬零二十八道陝西行引十五萬九千八百二十一道、河南行引二十七萬五千九百九十道、共額引六十三萬伍千八百三十九道、征課銀五十五萬四千四百五十乙兩六錢零八釐、引費銀十六萬四千六百五十三兩五錢五分乙釐、羨餘銀四萬六百五十三兩四錢六分七釐、共銀七十五萬九千七百五十八兩六錢二分六釐、此現額之課額引額也、而鳳興邠三屬引税劃除不在其內、鳳邠引税之隸河东者以原食花馬池鹽也、池本西秦牧地、即土治鹽方言謂之花馬、花馬池、大池、小池共三池、在慶陽府寧州之北、

興馬檜等池、星羅棋布、於百里之內、若三池之相間、亦有遠去百里者、花馬一池、爲靈州之重鎮、周四十三里、大池自沙漠中來周八十里、小池控甯夏之全勢、周二十七里、向屬河東兼轄、明末遭賊蹂躪、池廢工散、鳳邠因改食土鹽、　國初鹽法悉遵舊制、鳳邠猶爲河東引地、至咸豐四年、陝西初議課歸地丁、鹽課逕解藩庫、毋庸再解河東、以省周折、所以改爲民運之後、鳳興邠三屬鹽課銀乙萬二千五十九兩五錢七分、仍由陝據專案題报、所行額引、名至明停領、花馬池大池、鹽行綏德榆林米脂三州縣、并無額引、惟於馬湖峪收稅、延榆綏道手發、歲征銀壹千五百四十四兩、

民運民銷、一年之間、凡三變法、遂致甲寅脫去半綱之課、計引六百六十餘名、自改民運後、分年補銷、兩年即銷完竣、然亦銷於侵淮口岸者居多、非陝西實能加銷也、當時人言嘖嘖、競謂鹽官分引一名、轉售三百餘金、坐賺一倍之利、商販多挾重貲、搶引不能到手、此言雖未盡然、而商販獲利、頗為前所未有、且當庫款支絀、無處籌畫、戶部議令捐釐濟餉、撫臣以抽釐礙難舉辦、第於額引每名取羨餘五兩、加引每名取羨餘十五兩、約加銀五萬兩、天津海防緊要、直隸總督奏令河東加斤加價、以濟經費、因於庚申綱加引六百名、時靈寶有官侍御者、於河東情形最悉、條陳鹽利半

公行文

歸中飽、正課可以加倍征收、撫臣初議每名酌加引費艮二三十兩不等、經部屢次斥駁、於辛酉綱又加引五百名、河南陝西、每名加引費銀六十兩、山西則分為三等、上等每名四十兩、中等每名三十二兩、下等每名二十八兩、約加引費艮三十三萬九千餘兩、合兩次加引一千一百名、課銀十四萬餘兩、共加艮四十八萬兩、然惟辛酉一綱全數清完、同治元二年、即值陝西回匪猖乱、捻匪竄至河南陝州、銷路梗塞、將最後加引五百名、暫行停攤、陝西引費減去一半、其先加引六百名、數雖猶存、實亦未能運銷、至同治四年亂仍未已、遂將加引一千一百名全數停止、河南引費亦減

向東轉報河东盐臣另案具題、咸豐四年、始改由陝撫自行題報、惟花馬小池、歲領額引六萬七千四百四十道、暨鞏昌府之西和縣歲領額引一千六百二十六道、行銷本處暨蘭州鞏昌二府、秦州階州二直隸州、按引納課、每年由陝甘總督題報銀二萬零八百五十九兩一錢二分、至陝西之漢中延安鄜州三府州屬、及綏德州屬之清澗一縣、皆食本地土鹽、按畝征税、每年題報銀七千四百三十六兩四錢、其餘沿邊各州縣、或食土鹽、或食蒙鹽、向無案據、不可得而稽矣、咸豐八年、陝甘總督、以蒙古土鹽、從前祇准販至秦蘭靖遠州屬之一條山五方寺等處、與沿邊居民易換口

公文紙

粮、追收興販隴、廣內地鹽戶、每於皋蘭請逐秦州開設鹽店轉運陝西之漢南一帶出售、查該商設濟餉、舉辦運鹽戶二人、設立行首、分住蘭州秦州、總司稽查、指定運往漢南該徑、不准侵及漳引地、漳鹽即西和鹽也、嗣因細匪竄擾一條山五方寺等處、鹽戶逃散、已於同治五年皆行停收、現在陝西等處鹽課、亦不能全完、惟河東年清年款、從來未有舊欠、爲他處所不及也、河東產鹽一池、有禁垣以为藩籬、禁私販易、但能範鹽于官、則民操縱在我、引地東鄰長蘆、南接兩淮、其成本料貲、皆較池鹽爲重、亦不慮其侵灌、若得人守法、當可經久無弊、惟鹽之出數在乎鹽池、〻〻保

隄在乎堰渠、向來歲修搶修之工、層見迭出、十數年以來、未曾置設、蓋民販來去無定、視池無關休戚、雖商半皆消乏、莫暇遠慮、廢弛日久、難免疏虞、此可慮者一也。須引本分三省、現惟山西官運各銷各引、陝西河南之引多併在一處、緣陝西歷年不請、誰肯冒險運往、大抵皆在河南行銷、陝西池鹽不行、引地必為土鹽佔踞、一旦淮鹽復舊、價值平減、河南不能多銷、貽陝西一千餘名之引、銷於何處、此可慮者二也。他處行票、必有重貲大商、方能久遠、河東販皆零星、每人不過雜引數名、且鹽戶居其大半、河東鹽戶每缺、候補幾至百人、此項人員、未見真能出貲捆運、不過分引到手、

銷售漁利、所入無大商領運職此之由、相沿日久、恐別滋弊端、此所慮其三也、未雨綢繆、昭在蒞斯土者、因時而損益焉。

中國鹽政沿革史·河東

中國鹽政沿革史

鹽務署印行

河東

附　山西北路　陝甘　新疆

河東沿革

河東鹽區蓋禹貢冀州之域爲今山西地在黃河東故曰河東河東之名始自戰國秦漢因置河東郡解州鹽池隸於其境故解池之鹽以河東稱

按禹貢冀州爲河內地周禮職方氏云河內曰冀州說者謂沿禹貢舊制冀州三面距河與雍分界者謂之西河與豫分界者謂之南河與兗分界者謂之東河故周禮職方氏又云河南曰豫州河東曰兗州爾雅釋地云河西曰雍州是則西河之東東河之西南河之北皆冀州境所謂河內也自戰國魏以近南河者爲河內近西河者爲河東秦併其地因置河東郡河東之名蓋始於此唐開元中置河東道宋制解州隸陝西路金時仍隸河東元置河東山西道明改爲山西行省由此河東屬於山西以其在太行西面故曰山西以其在黃河東面故曰河東河東即山西也解池之鹽名曰河東河東者鹽池所在地故山西鹽區以河東稱

池在中條山北麓山之南麓爲黃河折流之處浸淫漸漬滋生鹽根因河流陰潛之功也

按鹽體因水水曰潤下其味作鹹鹽東南地卑鹽產於海西北地高或產於井或產於池例如四川鹽井有深至百餘丈者河東鹽池近黃河鹽之根原實因河流漸漬而成河自山西保德州南流至蒲州南過雷首山折而東向經芮城平陸縣南芮城在春秋時謂之河曲鄭玄詩譜云魏國封域南枕河曲是其地矣黃河南流至中條山復屈而東故有河曲之名中條卽雷首山元和郡縣志云雷首一名中條是也中條西起蒲州東接太行南跨芮城平陸北連解州安邑及夏縣聞喜之境河東鹽池介解州安邑間適當中條山北麓其南麓則濱臨黃河唐崔敖謂鹽池乃黃河陰潛之功浸淫中條融爲巨浸又謂海眼通波河源伏脈千里一氣豬爲廣斥蓋黃河眞源號曰鹽澤史記大宛列傳云于闐之東水皆東流注鹽澤鹽澤潛行地下其南則河源出焉山海經云不周之山東望泑澤河水所潛其源渾渾泡泡水經注云泑澤卽蒲昌海亦有鹽澤之稱河水淪於蒲昌又發於西塞之

外出於積石之山凡此所言皆敍河源者也以今地理證之蒲昌海卽今新疆羅布淖爾在土魯番廳西南天山以南葱嶺以東之水悉匯於此自此伏流至噶達素齊老山復出爲阿爾坦河東流入鄂敦他拉海又東瀦爲札凌海又東爲鄂凌海折而南經蒙古爾津土司又東北經積石山南入甘肅界經貴德循化二廳北至蘭州府西南又東北經靖遠中衛縣折而北至靈州寧夏間成一大曲河之西岸循賀蘭山東麓賀蘭山西爲蒙古阿拉善旗吉蘭泰鹽池在焉河之東南花馬等池在焉又北經平羅縣東入蒙古鄂爾多斯界經右翼中旗折而東經右翼後旗左翼後旗折而南至左翼前旗三面距河成一大曲謂之河套套中多鹽池其最大者曰喀喇莽尼池卽漢所謂青鹽澤也又南入山西界經河曲縣至蒲州凡一千五百里復折而東河水至此又成一大曲爲河東鹽池所在爾雅言黃河百里一小曲千里一大曲孔安國尚書傳言黃河千里而東千里而南今西北鹽池皆在黃河轉曲之際水性至曲而折鹹性至曲而聚物理固如是也然自蒲州以下雖無鹽池若直隸河南山東三省硝鹽產盛之地多濱黃河陝西鹵泊灘亦在黃河附近則知河流所經關於鹽產又非獨鹽池也

在昔陶唐之世洪水氾濫鹽產已受其害禹平水土滌川障澤於是鹽利復興故河東鹽池古曰鹽澤山海經云景山南望鹽販之澤卽斯池也禹貢言九澤旣陂陂者澤障卽今所謂堤堰也禹治洪水凡洿下之處障之爲澤以瀦其水九州之內無不有澤故曰九澤河東鹽池固冀州之一澤耳國語云澤水之鍾也伯禹陂障九澤鍾水豐物是以民生有財用據此則鹽利之興實在洪水平後山海經所謂鹽販之澤也左傳載韓獻子之言曰澤鹽國之寶也蓋卽指此自漢以來始名鹽池矣今池東據安邑西據解州周迴百餘里實爲禹之遺迹方輿紀要載鹽池在解州東三里安邑縣西南二十里蓋一池而介解州安邑之間東至安邑西至解州其地東高於西北高於南中自成池卽禹時所瀦之澤也許愼說文云河東鹽池袤五十一里廣七里周百十六里水經注云池東西七十里南北十七里紫色澄渟潭而不流沈括筆談云池方百二十里久雨未嘗

溢久旱未嘗涸鹽池圖考云今池東西長五十五里南北闊七里周百四十四里由此證之鹽池面積其說各異此則廣狹淺深古今盈縮時有不同者矣其鹽由灑而成發源最古粵稽虞代舜歌南風有云南風之時可以阜財蓋指解池灑鹽而言胡渭禹貢錐指言解州鹽池密邇帝都洪水爲害鹽池用耗昔舜作五絃之琴以歌南風其詩曰南風之時兮可以阜吾民之財兮說者謂池遇南風則結鹽多故曰可以阜財蓋鹽未幾即興也由今論之解池鹽產必資南風南風不時鹽即失利帝舜南風之歌實指池鹽灑鹽之興莫先於此矣今中條山陰有薰風洞一曰鹽風洞每仲夏月應候風出其聲隆隆灑鹽得此一夕鹽成俗謂之鹽南風皆因南風歌詞而名也及周之時池爲晉有左傳言郇瑕之地沃饒近盬盬者灑鹽之名稱周禮所云盬鹽是也左傳成公六年載晉謀去故絳諸大夫皆曰必居郇瑕氏之地沃饒而近盬國利民樂不可失也郇瑕故地即今猗氏縣境水經注云涑水出河東聞喜縣南流經安邑縣又南過解縣又西經郇城又西南經瑕城清一統志云猗氏本晉郇瑕地漢置猗氏縣猗氏東至安邑縣界南至解州界方輿紀要云鹽池在猗氏縣東南是則郇瑕接近鹽池故曰沃饒近盬盬即灑鹽周禮鹽人所共有苦鹽杜子春讀苦爲盬謂出鹽直用不涑治者其涑治者爲散鹽鹽出於灑則曰盬鹽鹽出於煎則曰散鹽當時解池所產獨名爲盬史記貨殖傳云猗頓以盬鹽起索隱注云盬鹽河東大鹽蓋灑鹽形顆與散鹽異故亦曰大鹽然則盬實灑鹽名稱矣盬與苦聲相類故苦鹽亦曰盬鹽古者煮海之鹽皆曰散鹽惟河東池鹽獨以盬名故鹽池亦謂之盬爾雅云鹹苦也郭璞注云苦即大鹹服虔左傳注云盬者鹽池土俗裂水沃麻分灌川畦水竭成鹽而味苦號曰鹽田鹽盬之名始資是矣是則河東灑鹽開畦引水由來已久春秋時代齊有渠展之鹽燕有遼東之煑鹽即周禮所云散鹽也惟河東灑鹽引池而成謂之盬鹽其時靈州及阿拉善等處亦有鹽池然隸在荒服隸侯服者僅河東池鹽故盬鹽獨河東有之而鹽

池因以鹽名許慎說文云鹽河東鹽池此則以鹽名池唐宋以來稱曰解池此又以地名池矣

暨乎戰國池屬於魏其後爲秦所取

史記言秦賦鹽利二十倍於古則其賦入之數亦以河東居多焉

史記言魏絳自魏徙治安邑此在春秋時魏武侯二年城安邑此在戰國時至是安邑始爲魏都惠王三十一年以安邑近秦徙都大梁秦孝公十年商鞅圍安邑降之至是安邑爲秦有其後嘗還屬魏及昭襄王十一年齊韓魏趙宋五國共攻秦至鹽氏而還鹽氏者掌鹽池之官因稱氏若周禮敍官稱氏之例是也官居此地故曰鹽氏括地志云鹽氏故城在蒲州安邑縣史記又言秦昭襄王二十一年魏獻安邑至是鹽池遂屬於秦秦自用商鞅之法專川澤之利故秦初鹽賦倍於古昔然其產鹽區域僅止河東迨始皇二十五六年滅燕及齊取有海鹽產區鹽利益廣距取安邑時凡六十四五年是則秦初鹽賦實以河東爲多

漢初封建王侯鹽產之利在諸侯王國者取以自豐河東一郡雖不在封國之列而池鹽稅入亦爲天子之私奉非領於經費者也

史記諸侯年表序言漢興封功臣而內地北距山以東盡諸侯地漢獨有河東潁川南陽三郡漢書食貨志言秦賦鹽利漢興循而未改自天子以至封君湯沐邑皆各爲私奉不領於經費按漢初封國至多山澤之利各自收其租稅例如吳王煑海是也河東鹽池不在諸侯王國然稅入爲天子所自取非國家之歲入觀於漢書所載可以證矣

武帝時創立鹽法行專賣制凡設郡國鹽官三十有三河東安邑實居首焉

漢書地理志云河東郡安邑縣有鹽官又云河東土地平易有鹽鐵之饒按西漢都長安東漢都洛陽均今河東行鹽區其時關中三輔及弘農河南諸郡皆食河東鹽河東鹽池附近都畿故漢時鹽官河東爲首例如今之鹽區先以長盧也

亦越東漢廢除專賣仍設鹽官主在徵稅元和中增設鹽監則專賣之制又嘗行矣

後漢

書靈帝本紀載熹平四年遣守宮令之鹽監穿渠為民興利注云前漢地理志續漢郡國志並無鹽監蒲州安邑西南有監鹽城按東漢行專賣法為章帝元和年間鹽官置監當在斯時官居此城故曰監鹽城鹽監之名蓋始於此後漢書章帝本紀載元和三年帝幸安邑觀鹽池則其注重鹽政可知迨及魏初置司鹽都尉故又謂之司鹽城寰宇記載司鹽城在安邑縣西二十里即今運城也水經注云安邑縣西有監鹽縣故城城南有鹽池池西又有一池為女鹽澤監鹽縣本司鹽都尉治領兵千餘人守之後罷尉司分猗氏安邑置縣以守之是則晉初曾設監鹽縣旋又廢耳

永元初因罷專賣更行徵稅建安中依舊

置使者監賣鹽專賣之制自此復行

三國志魏志衛覬傳云覬與荀彧書言關中人民流入荊州者十餘萬家頃聞本土安寧皆企願思歸而無以自業鹽國之大寶也自亂來放散宜如舊置使者監賣以其值益市犂牛若有歸民以供給之勸耕積粟豐殖關中彧以白魏武魏武從之始遣謁者僕射監鹽官按衛覬河東安邑人生於產鹽之鄉深明專賣之利故創議以為宜依舊置使監賣是監賣設官固不始於建安而始於章帝之時曰監者蓋於鹽官之上設監以理專賣與近今官督商銷不同論者謂為督銷所由防非也觀於以值市犂牛則知確為官賣矣

魏晉之際循而未改永嘉以來

鹽池淪失劉石苻姚相繼據有旋復入於北魏

魏晉承漢之後河東行專賣制自漢建安四年至晉永嘉初一百一十餘年矣永嘉二年河東始為劉淵所據太興四年沒於石趙永和八年又沒於慕容燕太和五年又沒於苻秦太元十二年又沒於西燕十九年又沒於後燕及宋元嘉年間遂為北魏所取蓋自永嘉迄宋元嘉一百二十餘年割據相尋鹽池之利固非晉宋有也

北魏初取河東設官榷鹽以收稅利

其後屢罷屢興迄於永熙至隋弛禁而鹽遂無稅矣

河東鹽池自永嘉亂後鹽利耗失北魏取河東在始光四年時宋元嘉四年也魏起自北荒盡有漠南北地魏書道武本紀載天賜三年幸漠南鹽池又至漠中觀天鹽池度漠北之吐鹽池即今蒙古鄂爾多斯及阿拉善等處鹽池

也是時魏都平城爲今大同府然其幸觀鹽池注重鹽產已可概見及得河東設官徵稅疑在神䴥以後魏書食貨志言河東郡有鹽池舊立官司以收稅利是時罷之而民有富强者專擅其用貧弱者不得資益延興末復立監司量其貴賤節其賦入公私兼利此則延興以前嘗廢鹽稅矣孝文本紀載太和二十年開鹽池之禁與民共之宜武本紀載景明四年詔收鹽池利入公食貨志云世宗卽位政存寬簡復罷鹽禁國用所需別爲條制取足而已甄琛傳亦云世宗踐祚琛爲御史中尉表稱周禮山林川澤有虞衡之官爲之厲禁蓋取之以時故雖置有司實爲民守之也今縣官障護鹽池而收其利是猶專奉口腹不及四體且天下歲貢粟帛四海之有備奉一人軍國之資取給百姓亦何患貧願弛鹽禁詔付八座議可否錄尚書彭城王勰奏琛所言坐談則理高行之則事闕古者取貨山川輕田疇之賦立稅關市助什一之儲取此與彼非利身也所謂集天地之產惠天地之民鹽池之禁爲日已久積而散之以濟國用自行以來典司多息出入之間事不如法遂令細民怨嗟商販輕議此乃用之者無方非與之者有謬今若罷之懼失前旨詔卒從琛議此則太和罷禁以後又嘗徵稅故至景明初復罷之也食貨志又云自世宗初罷鹽池禁而豪貴之家乘勢占奪近池之民又輒障吝神龜初太師高陽王雍太傅淸河王懌奏鹽池天藏資育擧生乃爲繞池之民擅自固護語其障禁倍於官司取與自由貴賤任口請依先朝禁之爲便於是復置鹽官以監校焉此則景明四年徵稅以後又營罷禁故至神龜初復設監也長孫稚傳云雍州刺史蕭寶寅反正平民薛修義等屯聚河東分據鹽池攻圍蒲坂以應寶寅稚乃據河東時有詔廢鹽池稅稚上表曰鹽池天產密邇京畿惟應實而守之均贍以理今四境多虞府藏罄竭略論鹽稅一年之中準絹而言不下三十萬匹今不先討關賊先解河東者非緩長安而急蒲坂蒲坂一陷沒失鹽池三軍乏食昔升平之年無所乏少猶創置鹽官而加典護請依常收稅從之據孝明本紀稚討寶寅爲孝昌三年此則神龜以後又嘗議罷禁矣廢帝本紀載景泰元年罷稅鹽之官食貨志又言神龜後更罷更立至於永熙此則普泰罷禁以後及永熙時又徵稅矣北魏疆域西至流沙北逾大磧今蒙古各處鹽池多爲所有而魏書所載鹽池徵稅獨及河東者豈濮地鹽產聽其自由耶長孫稚謂河東鹽稅

歲入準絹三十萬匹食貨志言太和十九年定每絹一匹準錢二百永安二年每絹匹止錢二百其私市者猶三百卽以官價論之絹三十萬匹準錢止六萬緡雖池鹽銷數不可得考而稅額之輕固可知也抑又言之魏自始光末取有鹽池以迄永熙一百五年間徵收鹽稅屢廢屢興初無常制其中太和十九年遷都洛陽漸圖南略太和二十一年取齊沔北五郡兼有南陽新野襄城西汝義陽諸地河東鹽池銷區益廣永熙以後魏分爲二孝靜遷鄴是爲東魏孝武遷長安是爲西魏其時東魏於滄瀛幽青四州傍海煮鹽而河東鹽池隸於西魏仍舊收稅大統中宇文泰輔政欲行周官乃依周禮建六官恭帝三年始命行之掌鹽一職屬天官府隋書食貨志言後周設掌鹽掌四鹽之政令凡鹽鹽形鹽每地爲之禁百姓取皆稅焉鹽鹽卽河東池鹽蓋自西魏大統初至周大象末凡四十七年皆行徵稅法隋沿周制及開皇三年罷鹽池稅由是鹽利公於百姓始爲無稅時代

唐開元初姜師度以鹽池漸涸疏決水道置爲鹽屯公私獲利畦課之制蓋始於此

旋復檢校鹽利依式收稅徵稅之制又始於此

舊唐書姜師度傳云師度有巧思知溝洫所在必穿渠引水以爲民利開元八年改蒲州爲河中府進師度爲河中尹先是安邑鹽池漸涸師度發卒開拓疏決水道置爲鹽屯公私大收其利玉海云姜師度置鹽屯故唐格自開元後遂有畦夫營種之課按河東池鹽自漢以前已有開畦曬鹽之法畦夫納課實始於唐蓋因鹽屯而起然尙屬畦課初非鹽稅師度傳又云開元九年左拾遺劉彤上言請置鹽官收利以供國用遂令師度與戶部侍郎強循計會食貨志云開元元年河中尹姜師度開置安邑鹽屯公私收利是年劉彤表請檢收鹽利詔令師度強循與諸道按察使檢責海內鹽課其姜師度除蒲州鹽池以外不須檢校令考食貨志所載與列傳年分不同按舊唐書玄宗本紀載開元九年改蒲州爲河中府置中都新唐書地理志則云開元八年置中都爲府新唐書地志較爲詳實師度進河中尹當在是時舊唐書師度傳亦相符合據此則鹽池收稅蓋在開元九年其置鹽屯在開元初舊

唐書食貨志並以爲開元元年紀載失實茲特詳之以證唐代徵稅之緣起焉

鹽池有五總曰兩池隸於度支歲得鹽萬斛以供京師詳見新唐書食貨志按新唐書地理志又言河東郡解縣有鹽池安邑縣亦有鹽池與解爲兩池池西爲解池東爲安邑因地而分雖曰兩池實則一池兩池之名自唐始也然食貨志云有五池者蓋兩池之外別有三小池玉海云小池謂之女池唐開元中置女鹽監後以水淡遂廢放之舊唐書昭宗本紀載天復元年朱溫奏請歲加河東貢鹽候五池完葺依常供課其時五池蓋有廢者疑卽女池元和郡縣志云女鹽池在解縣西北三里鹽味稍苦不及大池鹽俗言此池九旱鹽卽凝結如逢霖雨鹽則不生是則女池之廢當在元和以後又其證也水經注云池西又有一池謂之女鹽澤東西二十五里南北二十里方輿紀要云女鹽池在鹽池西北七里據地高阜其鹽淡或苦不可食時或生硝亦名硝池女鹽池西北又有硝池六一曰賈瓦二曰金井三曰永小四曰熨斗五曰夾凹六曰蘇老據此則唐時小池除女池外賈瓦等池亦其故池書缺有間莫能詳也要之唐時兩池皆謂大池新唐書地志所載較然明白其三小池爲大池之附屬河東鹽法志乃以大池爲東池以女池及其餘小池爲西池殆失考矣管理池務置判官以主之乾元初鹽法既立江淮之鹽悉屬鹽鐵使而河東之鹽仍隸度支貞元十六年置兩池榷鹽使兩池設使蓋始於此舊唐書食貨志言玄宗以前亦有鹽池使景雲四年蒲州刺史充關內鹽池使刺史職同牧尹是以地方長官兼充鹽使若清以山西巡撫帶領鹽政亦其例也唐自貞觀元年分天下爲十道關內道東至華西抵隴鳳南據商雒北邊沙漠兼有今陝甘山西及蒙古境例如靈鹽宥三州皆有鹽池同華二州亦有鹽產均隸關內蒲州刺史治在蒲州隸河東道鹽池產旺者河東爲最故以蒲州刺史兼轄關內鹽池先天二年強循除幽州刺使充鹽池使舊唐書食貨志謂蒲州鹽池幽州隸河北道循充鹽使實爲遙領當時鹽法未興雖設鹽使不過虛帶使銜鹽池所在設有判官以主池務舊唐書李涵傳言朔方節度使郭子儀奏涵爲關內鹽池判官謂鹽州池也郭子

儀傳言子儀充朔方節度在天寶十四年則鹽池設官當在開元收稅之後河東鹽池亦宜設官此可比例而知也乾元初年創立鹽法置鹽鐵使總領江淮鹽河東池鹽隸度支未設鹽使仍以判官主之崔敖鹽池神祠碑序言貞元十一年職方郎中漹興主河東鹽務度支又以詹事府司直陸位知解縣池大理評事韋縦知安邑池漹領池官之外權陸革守制使之成算此則判官之外又委池官矣舊唐書食貨志云兩池鹽務官其職視諸道巡院貞元十六年史牟以金部郎中主池務恥同諸院遂奏置榷鹽使二十一年鹽鐵度支合爲一使以杜佑兼領佑以度支既稱使其所管不宜更有使名遂奏罷之至元和三年裴均主池務職轉繁劇復以安邑解縣兩池留後爲榷鹽使據此則兩池置使自史牟始蓋徵稅以來不設專使隸度支者垂八十年矣

運銷之地爲京兆鳳翔河南河中四府同華陝虢鄭汝澤潞等十五州行鹽分界亦始於此

按運銷之法自唐以前無所謂界分也行鹽分界起於唐代榷鹽之後唐時南方海鹽以江淮爲大宗北方池鹽以兩池爲大宗寶應大歷間專用榷鹽供軍國之用許汝鄭鄧之西皆食兩池鹽度支主之汴滑唐蔡之東皆食海鹽劉晏主之其初劃地榷稅其後遂成界分舊唐書食貨志載貞元十六年史牟奏澤潞鄭等州多是末鹽請禁斷從之元和六年度支盧坦奏兩池顆鹽祇許於京畿鳳翔陝虢河中澤潞河南許汝等十五州界內糶貨比來因循兼越興鳳文成果閬六州移牒勘得山南西道果閬兩州鹽本土戶人及巴南諸郡市糶又供當軍士馬尚有懸欠若兼數州自然闕絕請將兩池鹽放入六州界糶貨從之蓋貞元年間海鹽暢銷越及澤潞致占池鹽界分故史牟有禁斷之請元和初年果閬鹽產不敷運銷兩池之鹽因以侵入故盧坦有放行池鹽之請果州卽今西充場區閬州卽今南閬場區當時鹽務隸於山南西院興鳳文成皆果閬行鹽地以今地理證之興鳳爲今陝西漢中府境文成爲今甘肅鞏昌府境果閬爲今四川順慶保寧二府境距河東遼遠盧坦請行池鹽固亦權宜之計也唐時池鹽銷區據唐志所載其隸關內道者曰京兆府曰鳳翔府曰華州曰同州皆今陝西地其隸河南道者曰河南府曰汝州曰陝州曰虢州曰鄭州曰許州曰汴州皆今河南地其隸河東道者曰河

中府曰晉州曰絳州曰澤州曰潞州皆今山西地其隸山南東道者曰商州即今陝西地曰鄧州曰唐州皆今河南地凡州四皆府十五州共領一百六十四縣行鹽區域其廣如此唐柳宗元謂解鹽西出秦隴南過樊鄧北極燕代東逾周宋即指行鹽區域而言證以今日銷區除汴許鄭汝四州行銷蘆鹽外餘則仍爲河東銷鹽地茲特著之庶於行鹽界分沿革源流可得而詳又按新唐書地理志載陝州平陸縣西有鹽倉東有集津倉津謂茅津也知唐時鹽運總匯在於平陸蓋因漕運之便若今日豫岸鹽運赴茅津渡分別轉運運道沿革亦略同焉

元和年間歲納鹽課一百六十萬貫

元和郡縣志云河東兩池官置使以領之每歲鹽利收納一百六十萬貫新唐書食貨志云兩池鹽利歲收百五十餘萬緡四方豪商猾賈雜處解縣主以郎中其佐貳皆御史鹽民田園籍於縣而令不得以民治之按兩池鹽當乾元以前徵納本色所徵亦輕故曰歲得鹽萬斛乾元以後榷錢法興河東稅率亦如江淮故鹽利徵納以錢計數新唐書食貨志言天寶至德間鹽價甚賤每斗十錢榷法既起鹽價始增貞元年間河中兩池鹽每斗爲錢三百七十順宗時因減鹽價兩池鹽每斗爲錢三百其時榷鹽使已設迨元和間鹽法大壞志言解縣鹽民縣令不得治官商交弊已可概見又按舊唐書代宗本紀載大歷八年韓滉奏安邑鹽池生乳鹽大歷十二年滉言兩池生瑞鹽乃置祠號寶應靈慶池蔣鎮傳云大歷時戶部侍郎判度支韓滉言河中鹽池生瑞鹽代宗以秋霖稍多水潦爲患則不宜生瑞命鎮馳驛檢行鎮奏與滉同仍上表賀幷請置神祠錫號寶應靈慶池時霖潦彌月鹽池爲潦水所壞其味多苦滉慮鹽戶減稅詐奏雨不壞池池生瑞鹽鎮庇滉飾詐識者醜之然則榷使未設以前度支之弊又可知矣

然錢多虛估計數非實太和三年詔以百萬爲額無如私鹽盛行課入不充至大中初嚴禁壕籬更立新法鹽課倍入者幾三十年

新唐書食貨志言元和時鹽法大壞多爲虛估率千錢不滿百三十此雖通論諸道而河東鹽榷實括其中舊唐書食貨志云太和三年詔兩池榷課以實錢一百萬貫爲定額其後又詔但取匹段精好不必計舊額錢數是則太和時雖禁虛估更定實

錢額數然鹽法旣壞稅額不足故又納取絹匹不計額錢蓋其時私鹽盛行侵礙官課非獨池鹽漏私例如華州之櫟陽同州之朝邑奉先亦多硝私元和郡縣志云櫟陽縣煑鹽澤周迴二十里多鹻鹵苻秦於此煑鹽奉先縣鹽池澤周迴二十里新唐書地理志云朝邑縣小池有鹽奉先縣有鹵池二其一生鹽櫟陽卽今臨潼縣境朝邑卽今朝邑奉先卽今蒲城均屬池鹽銷區當日硝鹽本在禁例舊唐書食貨志云朝邑小池奉先鹵池並禁斷不榷是其證矣文宗本紀載太和二年奉先縣鹵池側近百姓取水柏柴燒灰煎鹽每灰一石得鹽一十二斤一兩亂法甚於鹻土度支奏請禁絕禁後犯者據灰計鹽一如兩池鹽法條例科斷從之新唐書食貨志云元和中盜賣兩池鹽一斗以上杖背一石者死盜刮鹻土一斗比鹽一升又云宣宗卽位鹽法益密戶部侍郎判度支盧弘正以兩池鹽法敝遣司空輿更立新法其課倍入遷榷鹽使輿以壕籬者鹽池之隱禁有盜壞與鬻鹻者皆死兵部侍郎判度支周墀亦言兩池鹽盜販者迹其居處保社按罪鬻五石市二石亭戶盜糶二石皆死是兩池之弊盛於元和流及會昌弊猶未息大中初司空輿始加甃理其大旨在於注重禁私防守壕籬壕籬之法卽後世禁垣所由防也舊唐書盧弘正傳云大中初弘正以兩池鹽法積弊課入不充令判官司空輿至池務檢察特立新法大中三年課入加倍其法至今賴之食貨志亦言大中時兩池歲納榷利一百二十一萬五千餘貫然則兩池鹽利自大中以來比之貞元元和榷課日增迨乾符時黃巢亂起兵徧天下池鹽之利擅於藩鎮矣

乾符以來兵徧天下兩池池場擅於藩鎮初爲河中節度使王重榮所有繼爲朱溫所取而唐由是亡矣

唐自天寶亂後藩鎮擧禍擅地自强例如淄靑河北鹽利損失凡數十載河中當興元初雖李懷光據以叛命然未幾卽平鹽利固未失也乾符以後兩池榷課始爲藩鎮擅有舊唐書僖宗本紀載光啓元年田令孜爲神策軍使軍旅旣衆支給不充舊日兩池榷稅特置鹽官以總其事自黃巢亂離河中節度王重榮兼領榷務歲出課鹽三千車以獻朝廷至是令孜以親軍闕供計無從出乃擧舊事請以兩池榷務歸鹽鐵使收利贍軍詔下重榮上章論訴河中軍供悉藉鹽課新唐書食貨志云重榮擅有池利歲貢

鹽三千車中官田令孜倡議兩池復歸鹽鐵使重榮不奉詔至舉兵反僖宗爲再出而卒不能奪按重榮據河中在廣明元年再傳至王珂凡二十年及天復初遂爲朱溫所減舊唐書昭宗本紀載天復元年朱溫兼河中節度兩池榷鹽使奏言代領池場請加貢鹽二千車歲貢五千車然河中與關輔相爲表裏自溫據河中唐室益微期年而遷洛不六年而唐亡此其所關非徒鹽務已也

後唐同光間改革鹽法注重兩池凡行鹽地各置榷糶折博場院每城坊市官自賣鹽鄉村人戶計口配食嚴越界之禁重治私之罪

按五代之際分裂割據產鹽區域淮南之鹽隸於南唐兩浙之鹽隸於吳越閩鹽隸於王閩粵鹽隸於南漢川鹽隸於西蜀五代所有者惟河南道之青萊棣密四州河北道之滄州即今長蘆山東產區然其銷路祇在河南河北兩道境內至關內一道亦有烏白鹽池其時蕃漢雜處不便商販故鹽產之盛銷區之廣兩池爲最朱梁開國榷鹽之法一依唐舊沿及後唐始行清理鹽法加以變通舊五代史食貨志載唐同光二年詔曰會計之重鹹鹺居先剏彼兩池實有豐利頃自干戈擾攘民庶流離既場務以隳廢致程課之虧失重茲詳理須仗規模將立事以成功在從長而就便宜令河中節度李繼麟兼充制置兩池榷鹽使仍委便制一一條貫五代會要載同光三年定例應食兩池顆鹽州府各置榷糶折博場院應是鄉村許通商興販所有折博並每年人戶蠶鹽不許私帶一斤一兩入城侵奪榷糶課利如違犯者依例科斷又顆末等鹽不許界分參差如有違犯一斤一兩並處極法今敕唐同光初孔謙爲租庸使當朱梁時置租庸使兼領天下鹽鐵唐承梁制因而不改謙善聚斂酷加賦稅創立蠶鹽食鹽屋稅鹽諸目凡州城縣鎮郭下合請鹽謂之屋稅鹽鄉村人戶合請鹽謂之蠶鹽凡俵散之鹽祇許供食不得貨賣貨賣鹽斤均歸榷院蓋行專賣法也復於城鎮按屋以散鹽於鄉村計口以散鹽名目繁雜科擾實甚迨天成初雖廢租庸使職停諸道鹽使內勾司租庸院官違制徵收者並與除放然蠶鹽等名究未嘗革故五代弊法自後唐始

晉天福初詔開鹽禁許通商天福七年更徵商稅此又一變也

舊五代史晉紀載天

福元年詔在京鹽貨原是官場出糶自今後並不禁斷一任人戶取便糶易洛京管內逐年所配人戶食鹽每斤特與減價錢十文洛京即唐河南府爲池鹽界分先是後唐鹽禁過嚴鹽價日貴故晉初開禁准許通商復減配徵食鹽錢額行之數載百姓便之其後加徵商稅又創過稅住稅名目舊五代史食貨志載天福七年掌賦者欲增財利難於驟改前法奏請重制鹽稅凡往來鹽貨悉稅之此則重稅之弊實自晉始周顯德間以宋鹽界分私鹽過多又令曹宋以西皆食顆鹽池鹽銷路自是益廣其刮鹻煎造者概行禁止此又一變也舊五代史食貨志載周顯德元年世宗謂侍臣曰末鹽州郡犯私鹽者多於顆鹽界分蓋卑濕之地易爲刮鹻煎造況末鹽煎煉搬運費用倍於顆鹽宜分十餘州令食顆鹽不惟輦運省力兼且少人犯禁自是曹宋以西皆食顆鹽五代會要載顯德二年改立鹽法定例顆鹽地界分內有人刮鹻煎煉鹽貨便卽收捉不計斤兩多少依法處死又兩池禁園四面各置場門弓射分擘鹽池居住並在禁園裏面更不別有差遣祇令巡護鹽池此後有人偷盜官鹽一斤一兩出池犯鹽人依例準處極法若是巡檢弓射池場門子巡察不專致有透漏到禁園外被別人捉獲及有糾告兼同行告官弓中更不坐罪陳告人亦依捉事人支賞應有知情偷盜官鹽之人照犯鹽人一反例處斷其不知情關連人酌情定罪按池鹽界分自晉天福初准許通商開運間又復禁榷舊五代史晉紀載天福七年行稅鹽鹽法蓋欲絕止商販歸利於官其後鹽禁如故鹽錢亦徵至今爲弊是則罷除通商當在天福以後沿漢及周皆行禁榷法兩池舊有壕籬以防漏私爲周時益加嚴密謂之禁園禁園猶禁垣也又以曹宋等處地多鹻鹵所行之鹽爲青棣海鹽成本既貴運費亦重硝私得以乘之因令改行池鹽並嚴硝私之禁蓋自唐同光迄周顯德三十餘年間鹽法凡數變至是始定洎乎宋代仍依周舊焉自唐開元迄五代末二百五十餘年間鹽法數變遂爲專賣制度越及宋初因而不改然則宋之鹽法源於五代五代之法肇始兩池推行於濱棣諸州兩池區

域殆亦鹽法之先導歟

宋時河東別爲鹻鹽隸永利監曰永利鹽解州兩池隸陝西路則曰解鹽按宋至道三年分天下爲十五路河東一路轄有鹽產養鹻而成別自爲區置永利監以領其事名永利鹽即今太汾等處土鹽也解縣安邑兩池隸陝西路解州名曰解鹽解鹽之名蓋始於此解池墾地爲畦沃以池水水耗鹽成謂之種鹽宋史食貨志云解州解縣安邑兩池墾地爲畦引池水沃之水耗則鹽成謂之種鹽籍民戶爲畦夫官廩給之復其家募巡邏兵百人目爲護寶都歲二月一日墾畦四月始種八月乃止安邑池每戶歲種鹽千席解池減二十席天聖以二來兩池畦戶總三百八十以本州及旁州之民爲之戶歲出夫二人人日給米二升歲給戶錢四萬爲鹽歲百五十二萬六千四百二十九石石五十二斤以席計爲六十五萬五千一百二十席席百一十六斤嘉祐時兩池畦戶歲役解河中陝虢慶成民爲之官司旁緣侵剝民以爲苦乃詔三歲一貸中間以積鹽多特罷種鹽一歲或二歲三歲以寬其力又減畦戶之半以傭夫代之五州之民始安按治畦曬鹽自漢已然唐置鹽屯始納畦課唐崔敖云乃滌場圃乃完廥倉畢其場功以謹秋備柳宗元云溝塍畦畹交錯輪囷若稼若圃敞兮勻勻決源灑流交灌互澍若枝若股委屈延布甘鹵密起積雪百里裒斂合集舉而堆之此則唐時種鹽已可概見然其法鹽歸民種及宋改爲官種故有畦夫之籍元明以來更用撈採之法鹽亦歸官迨至清代鹽畦遂爲商種矣設制置解鹽司以領鹽事宋史職官志云制置解鹽司掌鹽澤之禁令呂祖謙云南方之鹽皆出於海北方之鹽皆出於池解池鹽利專置使以領之玉海云建隆二年以解州刺史周訓兼兩池制置使解鹽制置始見此按唐有諸道鹽鐵使惟於兩池則專設榷鹽使宋有諸道提舉茶鹽司惟於兩池則專設制置司宋之制置司即本於唐之榷鹽使當時兩池鹽產既盛銷地亦廣較之諸道條令煩多因地立制故設專司以綜理之行鹽之地爲三京爲京兆河中鳳翔三府爲濟兗滑

鄭陝虢晉絳澶懷宿亳等六十一州軍

宋史食貨志載解州兩池歲種鹽以給本州及三京京東之濟兗曹濮單鄆州廣濟軍京西之滑鄭陳潁汝許孟蔡襄鄧隨唐金房均郢州光化信陽軍陝西之京兆河中鳳翔府同華陝虢耀乾商涇源邠寧儀渭鄜坊丹延環慶秦隴鳳階成州慶成保安鎮戎軍河東之晉絳慈隰州河北之澶懷州淮南之宿亳州三京者宋以大梁爲東京開封府洛陽爲西京河南府歸德爲南京應天府隸於京東京西兩路宋因周制解鹽行銷界分己廣其後令鄆濟宿亳四州改行解鹽又令蔡襄商金等州亦食解鹽自此銷區益廣文獻通考云鄆濟宿亳舊食末鹽建隆二年以泝流輦運勞費始改食顆鹽蔡襄商等州舊通商食海鹽太平興國初令食解鹽並官賣是其證矣宋時解鹽銷區兼行京東京西陝西河東河北淮南六路凡爲府六爲州五十五爲軍六據宋史地理志共領三百二十一縣以今地理證之例如直隸大名府屬之開州及南樂清豐二縣山東之泰安兗州曹州三府濟寧一州河南之開封歸德陳州懷慶河南南陽汝寧七府許鄭陝汝四州及衛輝府屬之延津封邱滑縣山西之平陽蒲州兩府解絳霍隰四州陝西之西安鳳翔同州漢中興安延安六府乾鄜邠商四州甘肅之平凉慶陽鞏昌三府秦階涇固四州安徽之潁州一府鳳陽府之宿州及靈璧一縣湖北之襄陽鄖陽兩府安陸府屬之鍾祥京山兩縣及德安府屬之隨州今行長蘆山東兩淮河東四區而宋時並爲解鹽界分以今河東引地證之隸山西者惟平陽蒲州兩府解絳霍三州及隰州屬之蒲縣隸陝西者惟西安同州興安三府商乾二州及邠州屬三水淳化二縣隸河南者惟河南南陽二府陝汝二州及許州之襄城二縣雖山西今增澤州潞安二府較之宋代僅及三分之一又宋時解鹽運銷入蜀范祥改鈔以後不復禁止熙寧中亦嘗歲運十萬席並閑卓筒井旋以不便遂復能運自是解鹽始不入蜀是則宋時解鹽行銷雖廣其於運輸之便利固亦未能蓋適也

初因周制鹽歸官賣每鹽一斤爲價自四十四至三十四錢分爲三等雍熙二年令邊郡商人於所在納銀折博鹽斤赴京請領交引自是環慶渭原等州行通商

法

文獻通考云陝西緣邊環慶渭原諸州兼食烏白池青白鹽淳化三年陝西轉運鄭文寶請禁止之許商人販解池鹽以資國計詔可淳化四年除其禁宋史鄭文寶傳云文寶建議請禁青白鹽許商人販解鹽於陝西官獲其、利而戎益困詔從其請行之數月犯者益衆商人販兩池鹽少利多取於他徑出唐鄧襄汝間邀善價吏不能禁關隴民無鹽食境上騷擾遂除其禁既而文寶復請禁青白鹽邊民冒法抵死者衆文寶又奏減解州鹽價未滿歲斷課二十萬貫以是貶職梁鼎傳云咸平四年鼎遷度支使時西鄙未寧鼎請陝西禁解池鹽所在官賣議者多言邊民舊食青鹽其價甚賤洎禁青鹽以困夏令商賈入粟運解鹽於緣邊價值與蕃鹽不相遠故蕃部齋鹽至者不能貨賣今若禁解池鹽與內地同價則民必冒禁復市青鹽乃資盜糧也鼎既行卽移文禁止鹽商所在約束乖當朝廷聞而止之於是依舊通商按陝西緣邊環慶渭原秦延州保安鎮戎德順軍自宋以前多食烏白池鹽五代之季池爲西夏據有故宋初爲解鹽界分宋沿周制鹽皆禁榷鄭文寶任轉運在淳化三年則知環慶諸州弛禁通商在雍熙間然開禁以後西夏私鹽時復侵入呂祖謙謂解池之鹽有西夏鹽嘗相參雜奪解池利解池鹽味不及西夏西夏價值又賤所以緣邊多盜販西夏鹽所以國家當關防西夏鹽入中國界夫欲防外鹽之入要在平內地之價文寶始請嚴法禁止固爲失之繼請減解鹽價以敵夏私則又法之善者觀於成平年間朝臣所議可以知減價之效矣

端拱二年置折中倉聽商輸粟京師給以鹽引自是蔡襄同華等州亦行通商其行官賣者惟三京二十八州軍

宋史食貨志載端拱二年置折中倉聽商人輸粟京師優其直給以鹽自茲以後鹽禁既開通商者多蔡襄同華諸州改行通商當在此時食貨志又載解鹽通商之地京西則蔡襄鄧隨唐金房均郢州光化信陽軍陝西則京兆鳳翔府同華耀乾商涇原邠寧儀渭鄜坊丹延環慶秦隴鳳階成州保安鎮戎軍及澶州諸縣之在河北者禁榷之地曰三京曰京東之濟兗曹濮單鄆州廣濟軍京西之滑鄭陳潁汝許孟州陝西之河中府解陝虢州慶成軍河東之晉絳慈隰州淮南之宿亳州河北懷州及澶州諸縣之在河南者此其界分陝西河東兩路自河以西皆

行通商自河以東仍行官賣京西河北兩路自河以北皆行通商自河以南仍行官賣至蔡襄商金諸州則以運輸艱阻故亦開禁文獻通考云蔡襄等州後以運道不通許通商是其證矣

凡通商之在京西者爲南鹽在陝西者爲西鹽官賣地方則爲東鹽各有經界以防侵越而尤重私販之禁詳見文獻通考按宋時解鹽銷地除西夏私鹽外內地各處復多硝私俵散蠶鹽私入城市亦在禁例宋史食貨志載建隆二年定例禁地賣鹻鹽至三斤者坐死民所受蠶鹽以入城市三十斤以上者上請三年又定賣鹻鹽至十五斤坐死蠶鹽入市百斤以上奏裁乾德以後每詔優寬又載明道初詔廢河中府慶成軍鹻場禁民賫鹽以侵池鹽之利元祐以時陝西民多以朴硝私煉成顆謂之倒硝頗與解鹽相亂紹聖三年詔犯者減私鹽法一等坐之此私鹽例之嚴也又按解鹽自雍熙端拱間改法以來產額既豐歲入亦旺通考又載至道二年兩池得鹽三十七萬三千五百四十五席此爲最多之數大中祥符九年陝西轉運張象中言兩池現貯鹽三千二百七十六席計三億八千八百八十二萬八千九百二十八斤計値二千一百七十六萬一千八十貫慮有遺利望行條約眞宗曰地利之皁此亦至矣過求增羨有時而闕不可許也宋史食貨志載至道三年兩池賣鹽得錢七十二萬八千餘貫乾興元年南鹽售錢歲入祇二十三萬貫視天禧三年數損十萬天聖初計置司因請售南鹽者不入錢京師專令入中並邊芻粟增約束申防禁以絕私販之弊久之復詔入錢京師從商人所便夫鹽課虧損雖由私盛然立法不善其弊更甚於私今以宋時東西鹽弊論之宋史李士衡傳載景德間士衡爲度支副使上言關右旣弛鹽禁永與同華耀等州猶徵賣鹽年額錢請減十之四詔悉除之玉海載陝西以鹽錢均於部民永與尤多景德元年士衡請減除之蓋通商以後舊額榷錢分配諸州隨稅輸納是民旣行入中復徵鹽錢此西鹽之弊也至於官賣區域官自搬運水陸轉輸又行以役法沈括筆談言輦車牛驢以鹽役死者歲以萬計冒禁抵罪者不可勝數此又東鹽之弊也

天聖九年詔三京二十八州軍亦聽商人入錢京師受鹽兩池自是解鹽皆行通商

法宋史食貨志云天聖八年上書者言縣官禁鹽得利微而爲害博兩池積鹽爲阜數莫可較宜聽通商平估以售詔翰林學士盛度御史中丞王隨議更制度因畫通商五利上之曰方禁商時伐木造船兵民輦運不勝疲勞今去其弊一利也陸運既差帖頭又役車戶貧民懼役連歲逋逃今悉罷之二利也船運有沈溺之患綱吏侵盜雜以泥沙硝石其味苦惡疾生重腿今皆得食眞鹽三利也錢幣國之貨泉欲使通流富家藏鏹不出民用益蹙今歲得商人出緡錢六十餘萬助經費四利也歲減鹽官兵卒畦夫傭作之給五利也遂罷三京二十八州軍榷法聽商人入錢若金銀京師榷貨務受鹽兩池行之一年視天聖七年增錢十五萬其後歲課減入耗玉海云明道九年三司李諮與盛度王隨同議通商之法改更新例景祐元年以解池貯鹽可支十年權停稍鹽寶元二年右司諫韓琦請以新舊二法取其利博者以爲經久之制詔學士宋庠知制誥王堯臣與三司議庠等言新法視舊法歲課損三百六十萬緡按三京二十八州軍行官賣法自建隆初至天聖八年凡七十一年始行通商距南鹽西鹽區域改法之時四十餘年解鹽由是一律通商凡康定初以稅入耗損京師南京及京東州軍淮南宿亳州仍行官賣旋復通商因令京東之兗鄆淮南之宿亳兼食淮鹽自是解鹽界地蓋一變矣文獻通考云自罷三京二十八州軍榷法商賈流行然稅課之入官者頗耗宋史食貨志云康定元年詔京師南京及京東州軍淮南宿亳州皆禁如舊未幾復弛榷法並詔三司議通淮南鹽給京東等八州於是兗鄆宿亳皆食淮南鹽按康定初議通江淮鹽利詔商人入芻粟陝西並邊願受東南鹽者加數與之故兗鄆宿亳多食淮鹽然鹽利之入此贏則彼絀加數給鹽鹽法已不統一斯亦當時之弊也慶歷二年京師諸州復禁通商並禁永興同華河中陝虢等處商鹽自是東南鹽地悉行官賣法文獻通考云自元昊反聚兵西邊用度不足因詔入中他貨予券償以池鹽由是羽毛筋角膠漆鐵炭瓦木之屬一切以鹽易之猾商貪賈乘時賕吏爲奸至入椽木二估錢千給鹽一大席爲鹽二百二十斤慮

費池鹽不可勝計鹽値益賤販者不行公私無費朝廷知其弊慶曆二年乃詔復京師榷法凡商人以虛估受券及已受鹽未賣者皆計値輸官虧錢內地州軍民間鹽悉收市入官官爲置場增價出之復禁永興同華耀河中陜虢解晉絳慶成十一州軍商鹽官自輦運以衙前主之又禁商鹽私入蜀置折博務於永興鳳翔聽人入錢若蜀貨易鹽趨蜀中以售久之東南鹽地悉復禁榷自後量民貧厚薄役令輓車轉致諸郡道路糜費役人竭產不能償往往亡匿關內騷然所得鹽利不足以佐縣官之急並邊誘人入中芻粟皆爲虛估騰躍至數倍歲費京師錢幣不可勝數帑藏愈虛按宋史仁宗本紀載慶歷元年弛京東八州鹽禁二年復京師榷鹽法自康定以來三年之中法制屢變當景祐間解鹽存積足支十年供過於求產額已無限制其後入中他物虛費池鹽官吏因緣致生奸弊弊之既極於是禁商鹽復榷法官自搬運主以衙前宋制舊差鄉戶輦運官物謂之衙前役法擾民衙前爲最而又以鹽運役之弊益滋甚矣陜西並邊州郡仍舊通商然地近西夏青白私鹽盜販者多而內地禁榷之處官自輦運衙前差役民力困竭官賣通商兩法俱弊至慶歷八年從范祥議改行鈔法禁鹽諸州一切通商聽鹽入蜀並邊九州軍入中芻粟概行罷免令入實錢以鹽償之視州軍遠近及所指東南西鹽第優其估東南鹽又聽入錢永興鳳翔河中總計歲入錢數共爲鹽三十七萬五千大席授以要券卽池驗券按數而出票鹽之法蓋昉於此延環九州軍改爲特別銷區由官自賣又於京師置都鹽院以平市估自是弛輦運之役峻夏鹽之禁鹽有常價鈔有定數課入增加歲減榷貨務緡錢數百萬商無所悖民安其業行之十年公

私便之詳見文獻通考按范祥兩次領解鹽事一自慶曆八年至皇祐五年一自嘉祐三年至嘉祐五年先後任事凡有九年宋史食貨志載慶曆間解鹽法弊太常博士范祥關中人也熟其利害嘗謂兩池鹽利甚博而不能稍助邊計者公私侵漁之害也倘一變法歲可省度支緡錢數十百萬乃畫策以獻是時韓琦爲樞密副使與知制誥田況皆請用祥策慶曆四年詔祥馳傳與陝西都轉運使程戢議之戢與祥議不合八年祥復申其說乃以祥爲陝西提點刑獄兼制置解鹽司使推行之舊禁鹽地一切通商聽鹽入蜀盡弛兵民輦運之役又以延慶環渭原保安鎮戎德順地近烏白池奸人私以青白鹽入塞侵利亂法乃募人入中池鹽予券優其估還以池鹽償之以所入鹽官自出賣禁人私售而峻青白鹽之禁又令三京及河中河陽陝虢解晉絳濮慶成廣濟官仍賣鹽須商賈流通乃止以所入緡錢市並邊九州軍芻粟悉貿榷貨務錢幣以實中都行之數年黠商貪賈無所僥倖關中之民得安其業公私便之皇祐元年侍御史知雜何郯復言改法非是二年遣三司戶部副使包拯馳視拯還言行之便第請三京及河中等處禁官賣鹽而三司謂京師商賈罕至則鹽貴請得公私並賣餘皆禁止聽之玉海載慶曆二年范宗傑建禁榷之議官自輦運民力頗困故祥建言通商皇祐元年陝西漕臣李徽之言通商不便命兩制與祥徽之議牽以祥爲是包拯至陝西力主祥議宋史包拯傳言解州鹽法病民拯往經度請一以爲龜鑑主通商販又上言天子當明聽納辨朋黨惜人才是則范祥規畫解鹽其初格於衆議五年之久不克施行迨其既行議者又謂其改法不便非韓琦田況主之於先包拯主之於後祥策幾不得用則以知變法之難也范祥鹽法主在通行鹽鈔而以官賣爲輔例如延環諸州鄰近西夏烏白池外私易入故行官賣河中解晉鄰近產區場私易透故行官賣南京河陽等處地多鹺鹵硝私易售故行官賣京師繁盛慮商或罕至鹽價頓貴故亦行官賣然皆以商賈流通爲止立法之初統籌全局計畫已密宋志又載田況爲三司使請久任祥俾專其事祥初言歲入緡錢可得二百三十萬皇祐元年入錢二百二十一萬四年二百一十五萬以四年視慶曆六年增六十八萬視七年增二十萬舊時榷貨務歲出緡錢慶曆二年爲六百四十七萬六年爲四百八十萬至是榷貨務錢不復出後雖歲入贏縮不常

皐祐五年猶及百七十八萬至和元年百六十九萬時祥已坐他罪貶遂以至和元年入錢爲歲課定額量入爲出可助邊費十分之八是則祥先領鹽事凡有六年歲出既省歲入增加矣志又載祥去職後並邊復聽入芻粟以當實錢虛估之弊滋長於券値亦從而賤歲損官課無慮百萬嘉祐三年三司使張方平包拯請復用祥於是復以祥總鹽事祥請更禁入芻粟者其券在嘉祐三年以前每券別請輸錢一千然後予以鹽又言商人持券若鹽賣京師皆虧失本錢請置官京師置錢二十萬緡以待商人至者若鹽估賤則官爲售之券紙六千鹽席十千毋輙增損所以平其市估使不得爲輕重詔以都鹽院兼領自是稍復舊未幾祥卒以轉運副使薛向繼之及治平二年歲入猶百六十七萬是則祥繼領鹽事凡有三年乃復優恤商人平定市估此又因時而制宜也大凡改法伊始祥貴在維持現狀宋志載祥初以法既通商恐失州縣徵算乃計所歷所至合輸算錢併率以爲入中之數自是州縣猶算如舊此其計畫抑又密矣沈括筆談言范祥始爲鈔法令商人就邊郡入錢四貫八百售一鈔至解池請鹽二百斤任其運賣得錢以實塞下省數十郡搬運之勞行之既久鹽價時有低昂又於京師置都鹽院陝西轉運司自遣官主之京師食鹽斤不足三十五錢則斂而不發以長下價過四十則大發庫鹽以壓商利使鹽價有常估而鈔法有定數至今以爲利宋史范祥傳亦言祥曉達財利建議變鹽法後人不敢易稍加損益輙不便其爲良法固可知矣范祥鹽鈔即後世票鹽所由昉而其法實始於河東茲特原本史傳證明行事畧述其概以資證焉

熙寧中祥法既廢出鈔過多芻粟之値未免虛擡因於永興軍置賣鹽場繼又罷之用交子法遣市易吏行四路請買鹽引限制鈔額而溢額如故

宋史食貨志載嘉祐六年薛向繼祥制置解鹽漸廢祥法熙寧初於永興軍置賣鹽場又以邊費錢十萬緡儲永興軍爲鹽鈔本繼又增二十萬四年罷永興賣鹽鈔場七年中書議陝西鹽鈔出多而鹽益輕以鈔折兌糧草有虛擡之患請用交子法使其數與現錢相當可濟緩急詔以皮公弼熊本宋迪分領其事趙瞻制置又以內藏錢二百萬緡由三司遣市易吏行四路請買鹽引仍令秦鳳永興鹽鈔歲

以百八十萬爲額八年中書奏陝西鹽鈔利害請買鈔本錢有限而出鈔過多買不盡則鈔賤而糴貴故出鈔不可無限然商人欲變易現錢官不爲買卽爲兼併所抑則鈔價益賤而邊警有急鈔不免多出故當置場以市價平之今當定買兩路實賣鹽二百二十萬緡以當用鈔數立額永興路八十一萬五千秦鳳路一百三十八萬五千熙河路五十三萬七千永興軍遣官買鈔歲支轉運司錢十萬緡買西鹽鈔又用市易務賖請法募人賖鈔變易卽民間鈔多而滯則送解池毀之詔從其請然有司給鈔溢額猶視其故九年乃詔止三司額外出鈔按熙寧初年解鹽鈔出過多鹽輕糴貴鈔價日賤因罷永興軍鹽鈔場行交子法文彥博言其不便未幾罷之熙寧七年復用交子法交子之法防於唐之飛錢一交一緡以三年爲一界分界遞換謂之交子卽錢鈔也其法創行於蜀是時陝西行使鐵錢兼運勞費故用交子法以便收買鹽鈔四路者慶歷初以西夏爲患分陝西邊郡爲四路曰鄜延治延州曰環慶治慶州曰涇原治渭州曰秦鳳治秦州皆並邊地熙河路者熙寧五年王韶開邊以熙河洮岷通遠五州軍增置熙河路亦爲解鹽銷區永興軍卽京兆府也附證於此

東西南三路通商，郡邑更行官賣，然變革不常，亦無一定之制。

宋史食貨志云舊制河南北曹濮以西秦鳳以東者食解鹽自仁宗時解鹽通商官不復榷熙寧中市易司始榷開封曹濮等州八年大理寺丞張景溫提舉出賣解鹽於是開封府界陽武酸棗封邱考城東明白馬中牟陳留長垣胙城韋城澶懷濟單解州河中府等州縣皆官自賣未幾復用商人議以唐鄧襄均房商蔡郢隨金晉絳虢陝許汝潁隰州西京信陽軍通商畿縣及澶曹懷衛濟單解同華陝河中府南京河陽令解鹽司運鹽貨賣鹽價既增民不肯買乃課民買官鹽隨貧富作業爲多少之差買賣私鹽聽人告重給賞以犯人家財給之買官鹽食不盡留經宿者同私鹽法於是民間騷怨鹽鈔舊法每席六緡至是二緡有餘商不入粟邊儲失備陝西轉運使皮公弼極言官賣不便沈括爲三司使言通商歲失官賣錢二十餘萬久之括乃言官賣當罷於是河陽同華解陝河中府陳留雍邱襄邑中牟管城尉氏鄢陵扶溝太康咸平新鄭聽通商其入不及官賣者官復自賣澶懷濟單曹濮南京陽武酸棗封邱考城東明白馬長垣胙城韋城九

縣官賣如故商鹽入京悉賣之市易務民鹽皆買之市易務私與商人爲市許告沒其鹽又云初神宗時官賣解鹽京西則通商有沈希顏者爲轉運使更行榷法請假常平錢二十萬緡自買解鹽賣之本路民已買解鹽盡買入官掊克牟利商旅苦之元祐元年京西始復舊制通商賣然猶官賣元符元年乃罷之永興軍渭州及同華等六州軍官仍自賣鹽據此則當時鹽法官賣通商三十餘年更變無常而官賣之地又復課民買鹽禁法嚴苛抑擾之弊固已極矣

惟時官鹽價增民不肯買乃隨產業高下課民買鹽商旅不行鈔値日賤鹽輕糶貴邊儲失備鹽法至是又弊矣熙寧十年始議收買舊鈔別爲印識加納鹽錢更給新引劃一東西鹽價以平鈔法然鈔出之額過於產額故雖設法補救而價卒不能平

宋史食貨志云熙寧十年三司言鹽法之弊由熙河鈔溢額故價賤而糴貴又東西南三路通商郡邑榷賣官鹽故商旅不行令鹽法當改官賣當罷請先收舊鈔印識之舊鹽行加納之法官盡買舊鈔其已出鹽約期聽商人自陳準新價增之印鹽席給符驗東南舊法鹽鈔席纔三千五百西鹽鈔席減一千官盡買先令解州場院驗商人鈔書之乃許賣已請鹽立限告賞聽商人自陳東南鹽席加錢二千五百西鹽席加三千爲易舊符立期令賣禁榷官賣及提舉司賣鹽並用新價承買舊鈔商人願對行算請者聽官爲印識如能法應通商地各舉官一員其鹽席限十日自陳乃令加納錢爲印識給新引聽以舊鈔當加納錢皆行之別定官賣鹽地市易司以買鹽亦加納錢先是解鹽分東西西鹽賣有分域又並邊州軍市糴給鈔過多故鈔及鹽甚賤官價自分爲二因增西價比東鹽以平鈔法歲約增錢十二萬毋復分東西悉廢西鹽約東解池鹽二鈔舊以西二百二十萬緡爲額轉運使皮公弼請增十萬以助邊糴至是又爲二百四十二萬商人已請西鹽令加納錢使與新法價平又令京師置邊七場買東南鹽鈔市易務計爲錢五十九萬三千餘緡三司闕錢而請還其鈔令賣之於西買者其三給錢其七準緣邊鹽價給新引庶得民間舊鈔而新頒引易於變易公弼又請復范祥舊法平市

價詔假三司錢三十萬緡市鈔於京師元豐四年權陝西轉運使李稷言新法未行鈔之貴賤視出鈔之多寡新法已行鈔有定數起熙寧十年冬盡元豐三年通印給一百七十七萬餘席而鹽池所出纔一百一十七萬五千餘席餘鈔五十九萬有餘流布官司其勢不得不賤遂下三司住給五年戶部猶以鈔多難售歲給陝西軍儲鈔二百萬裁其半然鈔多卒不能平價按解鹽鈔當熙寧初出鈔過多因加整理比較實賣鹽斤定立鈔額法非不善而官司未能遵行不免額外出鈔其後增置熙河一路鈔額日溢鈔價愈賤鹽法之弊事關邊儲迨及熙寧末年不得不立法變通始行收買舊鈔別給新鈔劃一鹽價平均市估酌改銷地限定鈔額此其立法又非不善然以池鹽產額較之致溢五十九萬餘席欲求平價其可得乎故自元豐以迄紹聖二十年間鈔法屢變而弊終不能除

元祐初又定延環諸州鹽額仍聽商人入中池鹽算給交引一如范祥舊法

文獻通考云元祐元年戶部及陝西制置解鹽司議延慶渭原環鎮戎保安德順八州軍皆官自賣以萬五千五百席為額聽商入納於八州軍折博務算給交引一如范祥舊法其出賣鹽錢以給轉運司糴買宋史食貨志云元祐元年復范祥舊法仍於京師置場以鹽鈔賣現錢而輸之都鹽院庫過給解鹽額鈔盡歸解鹽司毋更給轉運司他司皆毋得販易雖有專旨聽執奏其己買鈔自解鹽司拘之若民間鈔少或給本路緡錢即上戶部議賣其鈔既而又以商人入納解鹽減年額買鹽費錢二萬七千餘緡增在京買鈔之本入中解鹽並效熙河鈔而價隨事增損以折遣懷滑州陽武鹽價

迨元符間水壞鹽池三京諸州遂得通行京東河北鹽

文獻通考云元符元年霖潦池壞崇寧元年乃議修復四年池成凡開二千四百餘畦百官皆賀內侍王仲先者董其役以課額敷溢為功然議者謂解池灌水盈尺暴以烈日鼓以南風須臾成鹽其利固博苟欲溢額不俟風日之便厚灌以水積水而成味苦不適口宋史食貨志云元符元年水壞解池聽河中府解州小池鹽同華等州土鹽階州石鹽通遠軍賑州官井鹽賣於本路而京東河北鹽亦通行焉三年詔陝西轉運副使兼制置解鹽司馬城提舉措置催促陝西河東木棧辥嗣昌開修鹽池崇寧元年解

有大鹽澤綿亘百餘里歲亦得鹽億萬計崇寧四年池成按自元符初至崇寧四年州賈瓦南北圍池修治畦眼拍磨布種通得鹽百七十八萬二千七百餘斤解梁東凡有八年崇寧四年鹽池已復時蔡京用事大變鹽法仍以解鹽舊地客算東北末鹽乃令解鹽新鈔祇行陝西宋史食貨志云崇寧初言事者以鈔法屢變民聽疑惑公家失輕重之權商旅困往來之費請復范祥舊法謹守而力行之無庸輕改雖可其請未幾蔡京建言京東河北末鹽客運至京及京西袋輸官錢六千而鹽本不及一千施行未久收息二百萬緡如通至陝西其利必倍議遣韓敦立等分路提舉及鹽池已復京仍欲舊解鹽地客算東北末鹽令榷貨務入納現錢乃令解鹽新鈔祇行陝西按宋京師開封府界諸縣爲今長蘆行鹽地南京歸德諸縣爲今山東行鹽地京西滑鄭陳許等州及河北之澶懷二州亦今長蘆行鹽地宋時京東河北鹽也崇寧年間行東北鹽較之解鹽本既輕利入復加則知崇寧即以前拘守界分屢改鈔法調停於官賣通商而未能變通銷地抑已僨矣又令以陝西舊鈔易東南鹽崇寧五年改印解鹽新鈔聽商人赴榷貨務換請東南鹽鈔而貼納對帶之法因之以行自是解鹽又一變矣宋史食貨志云崇寧五年詔鈔法用之民信已久飛錢裕國其利甚大比考前後法度頗究利害其別爲號驗給解鹽換請新鈔先以五百萬緡赴陝西河東止給糴買聽商旅赴榷貨務換請東南鹽鈔貼輸現錢四分者在舊三分之上五分者在四分之上且帶行舊鈔輸四分者帶五分輸五分者帶六分不願貼輸錢依舊鈔價減二分先是患豪商擅利源輕重之柄率減鈔值使並邊糴價增高乃裁限之崇寧四年以鈔價雖裁入中州郡復增糴價客商持鈔算請坐牟大利乃詔陝西舊鈔易東南末鹽每百緡用現錢三分舊鈔七分後又詔減落鈔價踰五十者論以法按崇寧初年蔡京更改鈔法置買鈔所於榷貨務凡以鈔至者每十分令輸現錢數分名曰貼納換給新鈔仍帶舊鈔數分名曰對帶其法始自淮南至是推行於解鹽蓋因陝西實錢闕乏新鈔引價賤並邊州郡糧價增高故援淮南之例以是解鹽鈔

換請東南鹽鈔食貨志載崇寧四年能永興軍交子務更用錢引本以代鹽鈔而諸路行之不通五年更印改解鹽新鈔又截元符三年陝西能使銅錢而鐵錢重滯難以齋遠交易所通限以十州之地欲無滯礙其可得乎宜弛其禁界凡解鹽地州縣並許通行折二鐵錢自無輕重之患是則錢法已壞實與鹽鈔相關非徒鹽鈔之換請遂可維持於不敝崇寧以來解鹽鈔滯豈無故哉

大觀四年始議解鹽依舊行銷京東河北鹽不得侵越政和二年解鹽銷地復行東北鹽政和七年仍令解鹽依舊行銷蓋自崇寧迄政和末十餘年間鹽法屢改民聽疑惑公家失輕重之權商旅困往來之費故宋之鹽法惟范祥鈔法為善熙豐以後變而日下

宋史食貨志云大觀四年張商英為相議復通行解鹽如舊東北鹽毋得與解鹽地相亂繼而有司議解池已復依舊法印鈔商旅已買東北鹽隨處官司期三日盡籍輸官償其價有隱匿者如私鹽法解鹽未到官賣所得東北鹽解鹽到即止已請鈔已支者悉毀己支未請者聽別議在京仍通行其經過州縣鄭州中牟開封府祥符陽武縣境內亦許通未放商旅已算請東北鹽原指定東京未至者止令所至州軍批引其已入京未貨者都鹽院全袋拘買賣之許坐買請買碎賣政和元年詔陝西鈔依鈔面實價輙增減者以違制論未幾復以陝西通行鹽鈔舊雖約以六千為鈔面然鈔貴則入粟增多鈔平則入穀減少若限以六千陝西惟行鐵錢是鹽鈔一席得六千鐵錢矣深損公家其隨時增減聽之二年蔡京復用事法仍變改鈔不可用者悉同敗楮七年議復行解鹽時童貫宣撫關河實主之詔解鹽地現行東北鹽復盡收入官官給其值在京於平貨在外於市易務賣之重和元年詔解鹽復舊踰年復權貨歲虧數百萬鈔價減落糴買不行三省趣講畫以聞童貫遂請能領解鹽俄而三省條奏舊東北鹽地客販解鹽立限盡賣限竟賣未盡者運往解鹽地京畿京西復置官提舉初崇寧中以鹽各利一方故解鹽止行本路東南煮海利博行於數路既復行解鹽商旅苦於折閱即改如舊慮商旅疑惑遂詔諸路鈔法更不改易又云初行鹽鈔以實

西邊其法積鹽於解池積錢於京師權貨務積鈔於陝西沿邊諸郡商賈以物至邊入中請鈔以歸物斛至邊有數倍之息惟患無回貨故極利於得鈔徑請鹽於解池舊制通行解鹽地甚寬或請錢於京師每鈔六千二百登時給與但輸頭子錢數十而已以此所由州縣貿易甚衆崇寧中蔡京變法鈔法遂廢商賈不通解池天產美利乃與糞壤俱積矣靖康初方議參照熙豐以前舊法冀圖清釐然金人南寇禍變旋作雖欲整理詎可得耶宋史食貨志云靖康元年解鹽鈔入納算請並參照熙寧元豐以前舊法又增改解鹽及東北鹽地商旅入納不願請鹽利用鈔面請錢如舊法繼定每席鈔為八貫者盡收入鈔面其入納糧草者許直赴池請鹽以省入京一批鈔之擾按宋徽宗宣和七年金既滅遼分道南侵不三年間靖康禍作及紹興十一年和議雖定解鹽產銷區域悉屬金境

金於天會五年取宋解州始有解池鹽產時宋建炎元年也南渡以後議圖恢復京洛關陝戰爭未息徵收鹽稅制度簡畧及皇統初與宋議和畫淮為界於是河南陝西悉屬金境鹽運之制乃得規定金史太宗本紀載天會五年取解絳諸州地理志載天會六年析河東為南北路解州隸於南路其時平陽府置轉運司兼主鹽稅然宋室南渡諸將戮力共圖恢復岳飛屯襄鄧張浚屯興元關隴河南雖為金有戰爭之禍固未嘗息解鹽銷地羈縻而已其後秦隴陝華漸為宋取天眷元年河南諸州亦歸於宋皇統元年和議既成河南陝西復歸於金宋史高宗本紀載紹興十一年與金以淮水中流為界割唐鄧二州界之陝西地以大散關為界割商秦之半界金自是西起大散東至長淮皆隸金境解鹽區域由此始定仍依宋制置解鹽司以領鹽事按金時解鹽副使其初亦駐解州金史食貨志載泰和三年以解鹽司使治本州副使治安邑至是始分駐矣鹽行河東南北路陝西東西路及

南京河南府陝鄭唐鄧嵩汝諸州詳見金史食貨志按金時解鹽銷區爲南京河東陝西三路疆域之分既不相同行鹽之界亦有變異例如太汾以北宋食永利鹽金則改行解鹽歸德及陳許宿亳等州宋食解鹽金則改行滄州及山東鹽開封河南宋專行解鹽金則兼行滄州鹽金史食貨志所云行鹽各視其地宜是矣金史地理志載天會五年自麟府路洛陽溝距黃河西岸西歷暖泉堡鄜延路米脂谷循古蕭關歷環慶路威延砦涇原路威川砦秦鳳路通懷堡至古會州自此距黃河依流分畫及熙河路盡西邊劃屬夏國皇統六年又以西安州等沿邊地賜夏國與夏以河爲界是則金時解鹽地北與夏接南與宋鄰金制與敵國互市各於邊界設立榷場結通商之約定違禁之例金史食貨志載唐鄧鳳翔秦鞏綏德等處皆有榷場宋之互市以茶爲大宗夏之互市以馬爲大宗而米麪及可作軍器之物悉加厲禁則知鹽之出入亦在禁例又載泰和八年詔沿淮諸榷場聽官民以鹽市易例如潁蔡泗壽等州皆行山東鹽惟唐鄧二州則行解鹽蓋其時與宋開豐凡歷四年背盟棄約故有此詔至是年八月和議已成復如初制茲特詳之以證通商條例鹽爲違禁物出入國界關防倍嚴其所由來者久矣

貞元初又依宋制行鈔引法每鹽二百五十斤爲一席席五爲套每套爲一鈔席爲一引鈔引賣自鹽司陝西轉運司亦得同賣詳見金史食貨志按金史地理志載皇統二年陝西分爲四路曰京兆曰熙秦曰慶原曰鄜延置兩轉運司京兆鳳翔府同華商虢耀乾州隸東路轉運司其餘三路府州隸西路轉運司金史兵志載陝西居守邊界者謂之邊舖軍置兵之州爲鳳翔延安秦隴熙河臨洮蘭鞏環慶鎮戎保安綏德等處軍需所資由兩路轉運司措置故解鹽鈔引陝西轉運司得以同賣食貨志又言輸粟於陝西軍營者許以公牒易鈔引是則統軍司及各路總管府公牒准換鹽鈔蓋以邊儲所關亦倣宋制並邊輸粟之意故與山東滄寶各區立法不同

大定二十八年以鹽官出巡輒多擾民創立巡捕使置於澄城縣金史食貨志載大定二十八年世宗言鹽官出巡巡捕私鹽往往擾民因別設巡捕

官以革其弊定例惟捕盜販私煑者若食鹽一斗以下不得究治於是滄寶西京同時設立而解鹽巡捕使則置於澄城縣二十九年議者言巡鹽弓手仍多誣罔之弊遂罷解州巡捕使按金史地理志澄城縣隸同州郎今陝西同州府澄城縣北至鄜州雒川縣界南連朝邑蒲城縣界朝澄蒲產有土鹽私煑者多澄城又爲洛河要津故於澄城置巡捕使又按食貨志載泰和元年陝西路轉運使高汝礪言舊制捕私鹽者計斤給賞錢皆徵於犯人然鹽官獲之則充正課巡捕官則不賞巡捕軍則告減常人之半巡役弓手又半之罪同賞異請以司縣巡捕官不賞之數及巡捕弓手所減者皆徵入官則罪賞均矣詔從之據此則巡捕使裁罷以後巡禁私鹽雖仍屬鹽官而轉運司及地方官亦有巡捕之責

先是解州舊法每鹽一席爲價五貫文舊課歲入八十一萬四千六百五十七貫五百文承安三年更定鹽價每席增爲六貫四百文歲課增爲一百三十二萬一千五百二十貫二百五十六文詳見金史食貨志按金制解鹽每席爲二百五十斤定價五貫每鹽一斤爲錢二十文承安三年改定六貫四百每鹽一斤加錢五文有奇迨至泰和四年錢法敗壞鹽價日增解鹽每斤亦照滄寶各區例增爲四十四文

舊法鹻鹽例禁私煮陽武滎澤諸縣地饒鹻鹵民間私煎未能禁止貞祐二年因詔置場設官本屬權宜之制嗣以商販不行仍申禁約金史食貨志載貞祐二年戶部言陽武延津原武滎澤河陰諸縣饒鹻鹵民私煎不能禁遂詔置場設判官管勾各一員隸戶部既而御史臺奏諸縣皆爲有力者奪之商販不行遂敕御史分行申明禁約按金史地理志陽武延津隸開封府原武滎澤河陰隸鄭州以今地理證之延津爲衛輝府屬陽武原武爲懷慶府屬滎澤河陰郎今滎澤仍隸鄭州皆長蘆行鹽地也附近黃河地多鹻鹵民間刮土私煉硝鹽雖定例嚴禁而硝私固未能免禁之過嚴又於貧民生計實有所關侵課害法整理非易金時置場設官聽民自煎徵取鹽稅蓋一時之權不可爲常法故置場未久依舊禁

止金史李復亨傳載興定三年復亨攝西路行三司治中京河南府掌軍需料差及鹽鐵酒榷等事奏陽武設賣鹽官以佐軍用並禁滄濱鹽勿許過河河南食陽武解鹽河北食滄濱鹽南北俱濟詔尚書省行之此以陽武等處硝私既多滄濱之鹽又復侵越故於陽武設官專賣斯又變通之法也然自遷汴以後蒙古憑陵燕雲淪陷據關守河國勢日弱軍需所供多賴池鹽及正大末河中既破鹽池遂爲元有矣按金自大安三年西京爲元所取河東北路相繼殘失貞元二年遷都汴京及燕雲失潼關破而國勢削弱矣軍興以來兵食之資多賴解鹽金史忠義傳載宗室從坦安撫山西軍民應援中都上書言絳解二州僅能守城而村落之民皆嘗被兵重以連歲不登人多艱食恃鹽易米今大陽等渡不許粟麥過河願罷其禁官稅十三則公私皆濟又言絳解河中必爭之地惟令寳昌節度使從宜規畫鹽池之利以實二州則民受其利兵可以強食貨志亦載貞祐三年河東南路權宣撫副使烏古唎慶壽言絳解民多業販鹽由大陽關以易陝虢之粟及還渡河而官邀糴其八旅費之外所存幾何又河南行部復自運鹽易粟於陝盡奪民利比歲河東旱蝗加以邀糴物價騰貴人民流亡請能邀糴以紓其患四年慶壽又言鹽乃官物有司陸運至河復以舟達京兆鳳翔與商人貿易艱得其而甚勞陝西行部每石復邀糴二斗是官物而自糴轉鹽易物本濟河中今陝西復強取之請彼此一聽民便此貞祐二年間事也金史完顏伯嘉傳載興定三年廷議欲棄河東徙其民以實關西伯嘉奏言河東一失取之非易河中晉安被山帶河保障關陝爲必爭之地今雖殘破形勢猶存若使他人據之因鹽池之饒聚兵積糧則河津以南太行以西皆不可守李復亨傳載興定四年提控糧草奏言河渡不通陝西鹽價踴貴請以粟互易足兵食詔戶部從長規措食貨志亦載是年復亨言以河中西岸解鹽舊所易粟麥萬七千石充關東之用尋命解鹽不通陝西緣北方有警河禁方急此興定年間事也然則金人是時軍用所需皆仰給於解鹽故一時議論無不注重鹽池規畫財利金史宣宗本紀載元光二年遣兵守衛解州鹽池食貨志亦載是年內族訛可言民運解鹽有助軍食詔修石牆以固之解鹽當唐宋時所有禁圍悉屬壕

羅修築石牆蓋始於金然甫及八年至正大末河中復失解池鹽利遂爲元有

元於太宗三年取有鹽池其時鹽法已行徵收鹽稅初隸平陽課稅所按元史太祖本紀載太祖十三年自西京入河東克平陽及忻代澤潞等州十四年克絳州十七年取河中府金史哀宗本紀載正大四年元兵復下平陽八年攻取河中是則元先取金地旋又棄失至太祖二十二年始有平陽太宗三年始有河中元史食貨志載太宗二年立平陽府徵收課稅所惟時鹽池尚屬於金及太宗三年既取河中解鹽乃爲元有徵收鹽稅亦歸平陽課稅所兼辦時宋紹定四年也

太宗五年始行脩理鹽池立司於路村專理鹽事元史食貨志云太宗五年撥新降戶一千命鹽使姚行簡修理鹽池損壞處所元黃覺聖惠鎭新城記云太宗丙申年姚行簡修理鹽池繪圖獻於上上可之乃芟莽除榛立司於池北曰路村仍命行簡專掌鹽賦是時鹽始有課延祐以來易名聖惠鎭至正丙申河陝鹽使那海德俊更爲新城規措經度築墉構門凡爲門五門內外左右各爲軍廬及議察所北門則塞永豐故渠改流牆外門之稍東又爲水竇以通行潦西門之竇亦如之按路村即古司鹽城秦時鹽氏故地也元初置司於此至正十六年那海德俊築鳳凰城而運司之治始定名曰運城明天順二年運司馬顯改作四門東曰放曉西曰留暉南曰聚寶北曰迎渠嘉靖中加以石磚萬曆間磚甃侵剝天啓二年重加修築淸順治間姜壤之亂重樓臺鋪悉燬運使陳詣修復如舊康熙二十四年運使張鵬翮又加修築城周垣九里計一千七百丈蓋自元太宗丙申立司路村及順帝至正丙申凡一百二十年始行築城遂爲鹽運專城沿明及淸凡又五百五十五年鹽官駐治皆於斯城而其制實始於元茲畧述之庶運城沿革有所證焉

鹽不畦種歲由場官伺其生結令夫搬攡元史食貨志云河東之鹽每歲五月場官伺池鹽生結令夫搬攡鹽花其法必値亢陽池鹽方就或遇陰雨則不能成按解鹽本屬天產不種自生自種鹽法起始資人力其自生者即指爲祥瑞例如唐大歷十二年度支使韓滉奏解池生乳鹽謂爲瑞

鹽宋大中祥符二年池鹽自生亦以瑞聞政和六年池生紅鹽百官皆賀清康雍間池鹽自生目為奇瑞又如元時雖不以瑞延祐六年池鹽盛結仍以瑞鹽稱賀實則亢陽之時風日既便鹽產自盛無所謂瑞也然種治以來往往不俟風日之便強欲溢額故鹽味稍苦非解池鹽品劣於蒙鹽蓋人力所成不及天然之產元代解鹽亦用撈撓之法與今蒙鹽固相同矣行鹽之地仍沿宋金舊制按元時定制太汾以北行銷解鹽依金制也其後至元十年取有襄陽亦行解鹽依宋制也故其銷地隸河東山西道者曰冀寧晉寧二路隸陝西道者曰奉元延安興元鞏昌四路隸河南江北道者曰河南府路南陽府襄陽路隸河北道者曰懷慶路然至元以前四川鹽井廢壞亦食解鹽至元二年始禁解鹽不入川界至元三十年又以襄陽地遠水陸艱運改食揚州鹽是其運銷區域蓋亦時有變通矣每鹽一引重四百斤每鹽四十觔得銀一兩中統二年初立陝西轉運司仍置解鹽司於路村至元三年詔陝西四川以所辦鹽課赴行制國用使司輸納其鹽引由制國用司給發四年立陝西四川轉運司直隸國用使司二十三年改立陝西都轉運司二十九年又革京兆鹽司一止存鹽運司延祐六年改陝西運司為河東解鹽等處都轉運鹽使司官制名稱更改無常至是始定詳見元史食貨志按元史百官志載元初鹽課之利由平陽府課稅所徵辦中統二年改置轉運司仍置提舉解鹽司至元二年罷運司命有司掌其務尋復置轉運司二十三年立陝西都轉運司諸色稅課悉隸焉二十九年置鹽運司專掌鹽課其餘課稅歸有司徵辦解鹽司亦罷延祐六年更為河東陝西等處都轉運鹽使司直隸中書省其屬三一解鹽場管勾一員同管勾一員河東等處解鹽管民提領所正提領一員副提領一員安邑等處管民提領所正提領一員副提領一員食貨志亦載延祐六年罷陝西行省所委巡鹽官六十八員添設通判一員別鑄分

司印二又能撈鹽提領二十員改立提領所二是則解鹽設官至延祐六年乃有定制而運司名稱繫以河東亦由此始又按元初有征伐之役川陝軍需悉資解鹽元史本紀載憲宗三年遣兵分戍興元諸州專用解鹽以供軍食立從宜府於京兆屯田鳳翔募民受鹽入粟轉漕嘉陵嘉陵卽今嘉陵江源出鳳翔大散關東嘉陵谷西南流經漢中入四川保甯順慶二府境爲嘉陵江是時元方經略川蜀利州一路實爲東川要衝支給浩繁故於鳳翔屯田以便轉輸做宋折中法令民中粟易鹽元史楊大淵傳載中統三年大淵領秦蜀都行省請於利州大安軍以鹽易軍糧從之食貨志載中統四年以解鹽引一萬五千道和中陝西軍糧此則元初川陝邊儲全賴解鹽矣元史百官志又載中統元年立陝西等處行中書省兼領川蜀事三年改立陝西四川行中書省治京兆至元三年移治利州十八年復移京兆分省四川二十一年仍合爲陝西四川行省二十三年置四川行省於是陝西所轄惟本省四路故運司繫銜或爲陝西四川或爲陝西改革不一皆因行省分合而定鹽戶撈

鹽例給工價至元十年定每丁撈鹽一石給工價鈔五錢歲辦鹽六萬四千引計中統鈔一萬一千五百二十錠詳見元史食貨志按宋時滄濱鹽每石六十觔淮浙鹽每石五十觔衡量之制已不劃一元時解鹽工價以石計觔其重量不可得詳今以工價鈔與鹽引數比例參考歲辦六萬四千引每引四百觔爲鹽二千五百六十萬觔所給工價中統鈔一萬一千五百二十錠時至元鈔每貫當中統鈔五貫文合至元鈔爲二千三百零四錠計現錢十一萬五千二百貫則每觔工價不足一文又按唐宋之制鹽戶皆免差徭元初解鹽鹽戶一千戶內每十戶出軍一人元史兵志載中統元年詔罷解鹽司軍一百人蓋以民力重困始行罷免此又元制之異也附證於此大德十一年增加鹽額爲八萬二千引延祐三年池爲雨壞祇辦課鈔八萬二千餘錠由是晉寧陝西之民改食韋紅鹽懷孟河南之民改食滄鹽詳見元史食貨志按仁宗本紀載延祐五年免懷孟河南南陽居民所輸陝西鹽課是時

解州鹽池爲水所壞命懷孟等處食陝西紅鹽後以地遠改食滄鹽而仍輸課陝西民不堪命故免之然則改食韋紅鹽及滄鹽蓋一時權宜之法也延祐六年鹽池修復增餘鹽五百料實撈鹽一十八萬四千五百引詳見元史食貨志按元史本紀載致和元年正月免陝西撈鹽一年二月解州鹽池黑龍堰壞調番休鹽戶修之元篤列圖瑞鹽碑誌言致和天歷以來解州迫於霖雨鹽池失利迄至順間凡五六年考之食貨志載延祐五年以解池被水命運司及各路州府縣正官兼知渠堰事責以疏通壅塞而致和天歷年間仍有水潦之患未始非地方各官因循敷衍則知渠堰不治由無責任耳天歷二年歲辦課鈔爲三十九萬五千三百九十五錠然鈔法日壞鹽價日增每鹽一引累增至一百五十貫課鈔雖加無異虛估詳見元史食貨志按元時鈔法至天歷間凡已三變至元之鈔五倍於中統至大之鈔五倍於至元而鹽課皆以中統鈔計數故鈔額雖增實同虛鈔及至順二年令以十分之一折銀收納每銀一錠折鈔二十五錠鈔法敗壞至是極矣自是每引價鈔三錠元統年間運司祇以恢辦爲名因變招商之例陝西等處不論貧富散引收課科派抑擾民不堪命至元二年分別食鹽界地令延安鳳翔與元慶陽鞏昌各路府其在黃河以西者任食韋紅鹽計口攤課黃河以東解鹽依舊運銷紅鹽不得侵越此又運銷之變也按元自延祐四年定例每引納中統鈔三錠天歷二年又復申明其例元史文宗本紀載天歷二年陝西大饑諸路饑民百數十萬賑之不足行省請令商賈入粟中鹽以貯賑糧從之至順元年命陝西行省以鹽課鈔十萬錠賑流民之復業者此則賑荒之法亦資於鹽及元統間又因鹽課虧額按戶散引限期納鈔而科擾之弊生矣元史食貨志載至元元年監察御史帖木兒不花巡視奉元東道各州縣戶口額辦鹽課建言陝西

運司官不思轉運之方每年豫期差人分道齋引遍散州縣甫及旬月杖限追鈔諸處運司之例皆運官招商發賣惟陝西等處鹽司近年散於民戶陝西行省鹽課該辦二十萬三千一百六十四錠如輩昌延安等處認定課鈔一萬六千二百七十一錠慶陽環州鳳翔興元等處歲辦課一萬七千九百八十五錠其餘課鈔先因關陝旱饑民多流散至順三年減免鹽課十分之四於今三載尚有虧負蓋因戶口凋殘十亡八九縱或有復業者家產已空遞來歲頗豐收而物價甚賤得鈔爲艱勸散徵辦無分高下少者不下二三引每一引收價三錠富家無以應辦貧民安能措畫糶終歲之糧不足一引之價輸息借貸縱引目到手無力裝運祗從各處鹽商勒價收買舊債未償新引又到民力有限官賦無窮又寧夏草紅鹽池不辦課程除輦昌等處循例認納乾課從便食用外其池鄰接陝西環州百餘里紅鹽味甘而價賤解鹽味苦而價貴百姓私相販易不可禁約以此叅詳河東鹽池除撈鹽戶口食鹽外辦課引數今後宜從運官設法募商與販但過行鹽之處諸人毋得侵擾韋紅鹽法運司每歲分遣官吏監視聽民採取立法抽分依例發賣每引收價鈔三錠自黃河以西從民食用通辦運司原額課鈔因而夾帶至黃河東南者同私鹽法罪之陝西與販解鹽者不禁庶官民兩便課亦無虧又陝西漢中道肅政廉訪使胡通奉亦言陝西百姓許食解鹽流移漸復正宜安輯而鹽吏不察民瘼祗以恢辦爲名不論貧富散引收課或納錢入官動經歲月猶未得鹽蓋因地遠運艱今後若令大河以東之民分定課程買食解鹽大河以西之民計口攤課任食韋紅之鹽則官不被擾民無蕩產之禍且解鹽結於風韋紅之鹽產於地東鹽味苦西鹽味甘又豈肯舍美而就惡乎使陝西百姓一概均攤解鹽之課令食韋紅之鹽則鹽吏免巡禁之勞而民亦受惠矣至元二年陝西行臺具呈中書省送戶部議之至元三年議令陝西民從便食韋紅鹽認納乾課解鹽依舊西行紅鹽不許東渡以涇州白家河永爲定界仍督所在軍民官嚴行禁約毋致紅鹽犯境侵課據此則陝西之延檢漢鳳甘肅之輦慶秦階定爲韋紅鹽地實始於元韋紅鹽者即今花馬大小池及河套內外蒙古各池所產西夏於此置韋州當時產額要以紅鹽池爲最故曰韋紅二鹽至其認納乾課若清時鳳興邠三屬行銷花馬池鹽仍解河東鹽課亦其例也

道至正

中東南禍起河陝諸路亦被攻陷後雖平定關陝規復河東而諸將據地自專鹽法不可問矣

按元自至正十七年倪文俊陷陝號諸州白不信陷秦隴據鞏昌劉福通引兵攻汴遣黨分道進取晉冀解鹽區域悉被兵禍至正十九年關陝既定河東亦復然不數年間諸將矯命擴廓據山西李思齊據關中明兵北征而元亡矣

明洪武元年始定山西二年置河東都轉運鹽使司

明史太祖本紀云洪武元年山西平續文獻通考云洪武二年置河東都轉運鹽使司鹽池圖說云宋時解鹽分為東西兩池各置鹽場二元時先為八場後因宋舊亦為四場東池二場曰常滿曰鹽北西池二場曰紫泉曰會商明初仍置都轉運司於路村裁元四場為東西二場每場設官二員

初設東西二場其後添設中場各置場官二員

明史食貨志云河東解鹽初設東場分司於安邑成祖時增設西場於解州尋復併於東正統六年復置西場分司弘治二年增設中場分司續文通獻考云洪武實錄載洪武二十五年御史李謙言河東解州鹽池西屬解州東屬安邑鹽夫一萬七千二百五丁撈鹽之所三百有四歲辦鹽一十五萬二千引緣鹽所產本係一池中分兩界而運司設於安邑祇於東池撈鹽然西池地高水淺鹽花易結倍於東池宜別設西場於解州於原額上再加一倍其撈鹽人夫除額定外於附近州縣人民量撥丁夫協辦實為公私兩便從之是增設西場不自成祖始也明會典載成化二十二年添設解鹽中場幷大使副使各一員是增置中場亦不自弘治時但置分司則在弘治元年按河東解鹽東西二場場各有門運鹽各隨場分東場鹽出安邑西場鹽出解州明成化元年巡鹽御史王臣運司孟淮創築禁牆遂塞東西二場門鹽皆北出路村商運不便成化二十二年巡鹽御史吳珍復開二場門西場由池西北鹽出解州東場由池東北鹽出安邑並添設中場即由池北鹽出路村實則一池而分為三近安邑者為東池近解州者為西池近路村者為中池三場亦以是為次明史百官志言河東解鹽東場西場中場分副使若副判莅之督各場倉鹽課司以總於都轉運

使共奉巡鹽御史之政令蓋自成化以後河東三場遂爲定制至今因之編戸於附近州縣簽民爲鹽戸按戸出夫撈鹽謂之鹽丁按宋時種鹽籍民戸爲畦戸元用撈撾法名曰鹽戸明以蒲解二州並臨晉榮河萬泉河津安邑夏縣聞喜平陸芮城垣曲共十二州縣籍其民戸編爲鹽戸計戸出丁撈採鹽斤名曰鹽丁每丁每日撈鹽一引二十丁爲一號一號所撈各自爲堆撈鹽千引名曰一料每號立料頭一人督領撈採又每年九月終旬調取官丁在池南採取蘆葦每丁一十八束每東二十八斤以備來歲苫蓋鹽料之用每鹽千引爲一料各就高埠堆鹽其上覆以茅葦謂之料臺按宋元間設立鹽庵其制基長八十一尺廣二丈高三尺於其上爲庵庵之內長如基十之九廣減四之一庵凡八間上覆以茅曝鹽極乾然後收入明時鹽皆漫生課羨於古故置料臺料臺者築爲高基堆鹽其上後復在池之北阜墾地作之每臺高二尺五寸長八丈八尺廣二丈四尺堆鹽以千引爲度上覆茅葦延環起伏望若草舍料臺之制蓋始於明自後垣中置屋以居鹽夫亦名曰庵乃爲工作棲息之所而非堆鹽之處矣鹽行陝西之西安漢中延安鳳翔四府河南之歸德懷慶河南汝甯南陽五府及汝州山西之平陽潞安二府澤沁遼三州詳見明會典按此係明初制成化以還詳見於後洪武初制行開中法實以河東爲其先例每鹽一引準銀八分歲辦小引鹽三十萬四千引續文獻通考云洪武三年中書省言陝西河東軍儲請募商人輸糧而與以鹽河東解鹽儲積甚多凡輸米西安鳳翔二府二石河南平陽懷慶三府二石五斗蒲解陝三石者並給解鹽一引按洪武三年時方北追元兵西趣巴蜀又以山陝河南諸郡新附留兵戍守因倣宋制招商輸粟中鹽以備軍儲此開中所由起其法始行於河東明制凡大引四百斤小引二百斤中鹽之例皆用小引小引三十萬四千引合之大引爲十五萬二千引河東初制卽行開中故明史食貨志所載淮浙蘆東皆列大引數目惟於河東則但詳小引其後各

邊輸糧皆行開中河東所輸者則以宣府居多永樂初專於京衛開中河東每引輸米二斗五升並行戶口食鹽納鈔法洪熙元年又因鈔法不通令以鈔中鹽河東每引納鈔一百五十貫行之未久依舊納糧詳見明史食貨志宣德十年始行兌支法又以河東爲其先例續文獻通考云宣德十年戶部奏言河東現貯鹽多而淮浙鹽少客商守支歲久卽以河東鹽量如其數與之據此則兌支之法蓋亦始於河東正統間又定兌支之法續文獻通考云正統四年令兩淮官鹽客商中納支給不敷者許於河東兌支河東官鹽支給不敷者許於廣東兌支正統八年令永樂洪熙宣德年間原中淮浙長蘆引鹽願兌支河東者每一引支與二引成化十九年以河東客商年遠守支給資本鈔二十錠續文獻通考云成化十九年令正統以前中鹽未支者河東每引二十錠其景泰以後願關者亦照此例此皆開中之變例也各區中鹽例皆輸糧正統三年始令納馬中鹽成化六年復定其例續文獻通考云成化六年定河東納馬中鹽例上馬一匹每鹽百引中馬八十引按納馬之例始於正統三年景泰年間亦嘗行之皆因邊軍缺馬而定成化九年更令納鐵中鹽此又開中之變例也續文獻通考云成化九年巡撫陝西都御史馬文升奏陝西都司所屬四十衛所歲造軍器用熟鐵三十一萬四千餘斤俱派取民間深爲民害山西陽城縣產鐵甚賤而河東鹽不費煎熬往年澤州人每斤以鐵一百斤至曲沃縣易鹽二百斤以此陝西鐵價稍賤因添設巡鹽御史私鹽不行熟鐵愈貴請以鹽課五十萬引中鐵五百萬斤俱於安邑縣上納藩庫收貯支銷從之當正統時創爲常股存積之名先行於淮浙長蘆後遂推行河東凡中常股者價輕中存積者價重然人苦守支爭

趨存積於是奏討者多鹽法日壞成化九年因倣淮浙長蘆事例歲遣御史巡視河東巡鹽設官蓋始於此（按明自永樂間始命御史巡鹽或數歲一遣正統以來始定淮浙長蘆歲遣御史一員更代爲常河東一固未及也成化時運司孟淮以河東池鹽遠瞻秦豫法難盡行奏討者多不勝掣肘請如淮浙事例歲遣御史監臨及成化九年遂定每歲遣御史一員巡視河東著爲永制續文獻通考云天順四年令山西按察司分巡官巡視河東鹽池成化九年郎中文志貞奏解州鹽池垣塹多廢人得私取官鹽阻壞客商少中莫濟緩急請歲遣御史往彼禁治幷修浚垣塹從之是其證矣）成化十年以池垣頹廢稽察難周圍池建牆以防走私禁垣之築蓋始於此（按解池禁垣創修於成化十年先是一瀕池設有欄馬牆短垣及肩以致走私巡鹽御史王臣因於馬牆之外築禁垣一週計二千五百餘堵凡長一萬七千四百二十二丈高低隨地勢南北垣高丈有三尺基厚如之以漸而上上厚八尺有奇東西垣高一丈基厚八尺上厚六尺有奇垣之外有馬道以便往來有隍塹以蓄野水深闊皆丈垣內外置舖以邏卒塞東西二門別於池北關中門以總出入是爲建築之始然越垣竊之弊仍屬不免成化十二年御史陳鼎復加築之高至二丈一尺二十一年御史吳珍仍開東西門合中門共稱禁門者三皆在三池北面東曰育寶距安邑一五里西曰成寶距解州十二里中曰祐寶祐寶門外爲運城三場出鹽各從其便正德十二年御史熊蘭更加修治齊其高厚禁垣建築始臻完備沿及今日凡閱四百二十有七年其間或圮或修猶利賴焉要之河東禁垣保障鹽池防禦盜竊垣以內置舖三十二垣以外置舖三十六斗級守護於內弓兵巡邏於外支鹽放各由禁門出發規畫周密防私綦嚴無如緝私之人即竊私之人巡禁私之役即縱私之役此刑法之所難防者矣）自此以後禁治既嚴弊端漸革及成化末歲增辦十一萬六千引（郡國利病書載成化二十二年增辦鹽十一萬六千引明會典載弘治間每歲辦鹽四十二萬引內常股鹽二十九萬四千引存積鹽一十二萬六千引）弘治五年

召商納銀不復開中河東每引徵銀二錢一分於是改徵折色鹽法爲之一變按河東是時額鹽四十二萬引每引納銀二錢一分共銀八萬八千二百兩然考弘治年間例如淮浙長蘆等處每引納銀或三錢五分或三錢八分或四錢二分河東每引祇納二錢一分較之各區鹽課最輕正德十五年藩府奏請折祿令於額引外增辦二十萬引於是河東亦有餘鹽鹽法之壞又始於此郡國利病書載正德十五年晉藩奏請祿糧題奉戶部議准除額鹽外另撈二十萬引餘鹽之論實昉於此按明時鹽法自折銀以前壞在存積折銀以後壞在餘鹽當成化末閹官奏討淮浙鹽無數及正德初外戚奏買兩淮長蘆鹽引多至數萬餘弊端既開莫可禁止迨正德末晉藩亦請奏討餘鹽餘鹽之弊始及河東矣又按正德時復准商人中鹽續文獻通考載正德十四年六月餘商人郭鹓等先於河東報中乃復奏改支兩淮鹽又陳勇等先於宣大二鎮報中糧草既而奏改太倉又改河東惟其所欲慨得允復請於河東正課八十二萬引內摘發二十萬引先行支給戶部以其越次罔利請究治之不從是則鹽法紊亂至是已極嘉靖二十七年增加引課每引徵銀三錢二分明會典載嘉靖二十七年議准河東正鹽四十二萬引每引納銀三錢二分該銀一十三萬四千四百兩餘鹽二十萬引折銀六萬四千兩明史食貨志云河東鹽課歲入太倉銀四千餘兩給宣府鎮及大同代府祿糧祇補山西民糧銀共十九萬兩有奇然以餘鹽奏討流弊益甚嘉靖三十一年於是革除餘鹽名目統以六十二萬引定爲正額而餘鹽之弊終未能免明會典載嘉靖三十一年以六十二萬引爲歲額明史食貨志亦載是年令河東合正餘鹽爲一而革餘鹽名郡國利病書載嘉靖時運司方啓參清理鹽法條件言河東鹽成自天撈採藉人雖以四十二萬引爲課額而採之稍盈數常無定王瓊之遂倣餘鹽之說奏討者十有二府計銀一百八萬二千六百餘兩以引價三錢二分較之數倍正課藩封歲祿掌之司府徵之州縣本有成法

徵之不足祇宜查催運司鹽價解赴布政司撥給宗藩乃使王府官校徑赴鹽場開支大阻鹽法朝廷利權而爲諸王爭奪漸不可長豈止病國推原其故皆由豪猾官校撥置使然蓋以鹽折祿所得之價止於正數所餘之利盡歸官校利歸於己勢藉於人此輩不除終無止日嘉靖三十一年巡鹽宋儀望奏革餘鹽名目總爲六十二萬引除各項食鹽及變價充解宣大年例餘剩銀兩俱解布政司備給祿糧不許各王府奏討阻撓鹽法詎意奉行方始輒復如故或謂宗藩貧乏宜所當恤但力能奏討斷非貧乏之輩越境支鹽亦必有力者所爲況其欠祿之數自嘉靖元年以迄於今歲月久遠案牘爛浥又且衙門隔別無可查對冒濫之弊寧有紀極乃今奏討之疏又復頻下開支之勢難遏其流急宜題請立禁以塞弊源據此則嘉靖時雖革餘鹽之名而藩府奏討弊終未除茲特詳之以資證焉惟時苦池灘地

復被藩府侵占召佃墾植致妨水道客水入池產額歉缺此又弊之甚者也

按萬歷初巡鹽御史房寰疏言嘉靖中苦池灘水漸涸奸民謀占耕植不遂因而投獻晉府稱爲牧馬草場召佃收租年復一年日益平阜水源壅塞關係鹽池且灘地稅租入府中者什一入官校者什九王府獲利甚微國家受害甚大應將前灘時加修濬保固鹽池請自上裁嚴諭晉府不得復假欽賜爲詞庶息覬覦之萌實於國計有裨今考苦池灘在池東北爲受水具區匯中條諸山之水洩入姚渠以達黃河固鹽池之保障也嘉靖隆慶間池遭客水鹽花不生各商預納鹽價實未支鹽有壓待壓支等名由於藩府侵占苦池灘地致令鹽池損壞續文獻通考載隆慶二年河東積欠鹽引至一百三十餘萬撈補無期然則河東之弊非獨餘鹽而已隆慶間因於

解州修治永小等池招工澆灑以濟鹽運

郡國利病書載隆慶中大池水溢鹽產不登各商無可掣支亦無力完課隆慶四年巡鹽御史部永春請於解州修治永小賈瓦金井蘇老熨斗夾凹六小池如唐宋舊制歸之於官洩地中積水去兩岸淤泥於盛夏種之部覆報可因許各處有力之家隨意封納以時驗放後因向年壓待諸商已無補掣之望萬歷四十年又令於女池開荒澆曬准半報以恤商困每鹽十車五車工本五車自報天啓六年又於金井池

南北開荒澆曬比照壓待商人之例准其半報其永小買瓦二池許人自備工本澆曬或准一年一更或准三年一更每十車准三車工本其七車准挨支商人帶報每年多寡不等俾補正課之缺崇禎以來始行停能積水汪洋不可澆曬矣

又以渠堰之工關乎場產改修渠堤倍加深廣

按河東鹽池南枕條山北傍高阜池居其中形如釜底鹽產之成端資主水客水溢入鹽卽不生曷謂主水池泉之停蓄鹽滷之精液也曷謂客水山流之衡灌渠瀆之汜溢也水經注云河東池鹽朝取夕復惟山水暴至潰潦奔泆則鹽池用耗故公私共堨水徑防其淫濫堨者積石爲之卽今所謂堰也是則渠堰之設由來尙矣宋史河渠志言後魏正始二年都水校尉元淸引平坑水西入黃河以通鹽運名永豐渠周齊之間渠遂廢絕隋大業中都水監姚暹重開故渠自陝郊西入解縣又以山水漲溢妨害鹽池爲堰以障之民賴其利名曰姚暹渠唐末五代亂離相繼廢弛不修又致瀝沒宋天聖四年陝西轉運使王博文等復因故迹相度開濬自解州安邑至蒲州白家場通舟運鹽民不勞力鹽池圖考言宋元符崇寧間王仲先又於池東西南三面築七郎等十一堰以拒客水渠堰至此規畫略詳備矣元明以來水患頻開弘治十六年巡鹽御史曾大有以姚暹渠首中太狹涑水欄入爲鹽池害別於崔家灣開潞渠道引水北流隆慶四年巡鹽御史郜永春又以姚暹渠舊自楊家莊入安邑城中致令渠堤不能深廣因於城東塡塞舊河改迤而北繞城而西引水西流自此規畫較前益密矣夫渠以洩水堰以遏流護池諸堰星羅棊布今以興圖證之略舉其要例如鹽池東面曰東禁堰在聖惠鎭南禁牆下東垣之屏障也曰黑龍堰在聖惠鎭東南南起東郭北抵任村屈而西迤至於楊莊堰之西爲黑龍潭與鹽池鄰深不可測堰亘灘中以分其勢並防條山諸水衝決之害也曰壁水堰在聖惠鎭南防黑龍之潰決也曰雷鳴堰在東郭鎭南東西橫亘以防山水暴漲也曰李綽堰在夏縣南築自宋解令李綽故以爲名南起王峪口西抵苦池灘池東第二堰也曰白沙堰亦在夏縣南東接瑤臺山西抵苦池灘障巫咸谷諸水俾入姚渠池東第一堰也鹽池西面曰西禁堰在禁牆下西垣之屏障也曰卓刀堰在解州東南起風后廟北抵十里舖切近禁牆以障城東灘水也曰七郎堰在解州北南起州城東北抵邱

家坡以障城北灘水也曰硝池堰在解州西北硝池郎女鹽池池北灘地最多勢皆北高南下南受中條山谷之水北有姚渠潰決之患池水漲溢東趨禁牆爲害實甚鹽池西緊要之堰也曰五龍堰在解州西南起五龍峪北抵崇寧宮障大小澗水俾入新河以防漲溢硝池也曰長樂堰在解州東北起長樂灘北之官道南與卓刀七郎相接以障長樂灘水也鹽池南面曰賀家堰蚩尤村東曰桑園堰在小李村南曰龍王堰在大李村南曰短堰在西姚村南曰平堰在張家村南曰趙家灣堰在鹽房村西而蚩尤村李村西姚鹽房等處亦皆有堰以防南山暴發之水凡此諸堰總曰護寶而禁垣以內又自有護寶長堤焉鹽池北面則曰姚暹渠即古鹽水也源出夏縣南中條山澗北流出王峪口迤而東經史家峪而鴨崖溝八澗之水入焉又東流而巫咸河之水入焉巫咸河一名白沙河水入鹽池鹽不復結故俗謂之無鹽河轉而北流經五里橋至朱呂橋自此以北遂名姚暹渠又北經魯因橋復迤而西苦池之水入焉又西經楊家莊至安邑城北又西經運城北至長樂灘又西經硝池北至曾家營又西經六小池北至臨晉縣境入五姓湖由孟明橋以達黃河綿亘二百餘里工長二萬二千四百丈條山諸谷之水賴以導洩鹽池之外障也渠之北則曰涑水源出絳縣橫嶺山西流至聞喜縣西南又西經夏縣安邑北至猗氏縣南抵臨晉境亦入五姓湖受稷山峨嵋諸山嶺之水其勢最大每過泛溢自洪村裴房橫決會家營衝入姚渠故有涑水堤以障之也明巡鹽御史湯沐論渠堰利害謂鹽池南面橫有護寶堤依山有有衆園諸堰縱有飛瀑阻遏猶易北面地多曠壤與水隔絕若東西盡處逼近禁牆一牆以外即爲客水所鍾東有黑龍諸堰西有硝池諸堰黑龍堰之受害原於苦池苦池爲姚渠蓄而復流之所硝池之受害原於涑水涑水地勢高於姚渠苦池在安邑不能受姚渠之水勢必東北泛溢其害及於黑龍則鹽水諸堰不能支而竟衝東禁堰涑水在臨晉不能受山澗之水勢必西北橫溢奔赴姚渠其害及於硝池則卓力七郎諸堰不能支而竟衝西禁堰況東北又有湧金泉亦注於黑龍西北又有長樂灘亦注於七郎故築東禁以及黑龍築西禁以及硝池治其標者也濬姚渠以導苦池濬涑水以衛姚渠治其本者也急則治標其功疾而小緩則治本其功遲而大觀其所論實爲扼要蓋河東鹽池地勢低下較之衆地各

池情形迥不相同注重治水即以治鹽然渠堰之工至明而備淸康熙間亦與鉅工有所開濬大都循明成法兹特詳著於此並於池南募民撈採每撈鹽一料給鹽十車抵作工本別給小票准其發賣按明時撈採鹽觔原有額設鹽丁所有鹽戶一切差徭丁少者俱鐲丁多者量減於商人名下每引徵賑濟銀一分每丁撈鹽一引賑濟一分故河東有賑濟鹽丁一款或一時鹽產旺盛僱募貧民撈採每於賑濟項內動支給與工價嘉靖間因富丁私自僱料頭攬收影射於是改定新例令無力者照舊供役有力者每年納銀一兩五錢免其撈採設遇撈採不及僱募貧民每鹽一料給以前銀二十兩爲工費此工本鹽所由防也亦或不給銀兩即以本人所撈之鹽每料給自撈鹽十車抵作工役蓋爲權宜之計非其常法隆慶四年巡鹽御史郜永春以撈鹽均在北岸池南之鹽久同遺棄題准南岸一律撈採廣招貧民於南北兩岸每撈鹽一料給鹽十車並給小票聽其運賣先是嘉靖間以太汾所屬山路崎嶇商運難至許行土鹽給票收稅故隆慶四年亦倣其法自此河東行鹽兼有用票之例迨萬歷間又許商人自備工本撈鹽於是有官鹽商鹽之分官鹽者官丁撈採鹽歸於場商人納課領引支鹽發賣皆用引也商鹽者商人自撈每百引內分七十引於官照常納課領引行銷分三十引於商抵作工本不納課銀惟給官票以別於私鹽用引兼用票也然引票兼行致滋弊竇而其端實自隆慶始先是行鹽區域更改不一隆慶四年仍令河南南陽等處專行河東鹽漢中延安二府改食花馬池鹽又令太汾三府通食票鹽按河南開封府初行長蘆山東鹽成化時改食河東鹽南陽河南汝寧各屬初行河東鹽嘉靖時兼行淮北鹽南陽雖爲淮北行鹽地方而道遠運艱不及河南行銷之便隆慶元年議定南陽所屬專行淮北鹽河東巡鹽御史趙容奏言河東課少利微仍令兼行遂將南召內鄉新野淅川裕州葉縣專行河東鹽隆慶四年巡鹽御史郜永春奏言南陽汝寧二府據銅版則兼行淮鹽據會典則專行解鹽利不百不變法今法一變而解商告急相屬於道鹽引日壅額課日損應令南陽府屬十二州縣改鑄銅版仍屬河東行

鹽地方從之又以陝西漢中延安二府法禁久弛因改食靈州花馬池鹽其太原府陽曲等十州縣幷汾州及所屬三縣以後通食票鹽每票抽稅六分原派引目攤入河東行鹽地方匀銷惟平定代石等處令行引鹽而商亦不至遂議計口派鹽給票收稅運銷之制至此又一變矣當斯時也場產之整理運銷之變通興利除弊鹽法宜有轉機無如引票兼行弊竇復起故至萬歷初互相影射官鹽日滯萬歷十七年乃將開歸二府改行長蘆山東鹽歲辦鹽引仍照舊額續文獻通考載萬歷四年給事中李戴言河東鹽花減昔官鹽日滯私販日典莫若量爲變通將河南一省近北者分入長蘆近南者分屬兩淮近西者仍屬河東巡鹽御史金階反覆辯其不便且言鹽花獨隆慶間堤堰不固客水浸入以至微鮮數年以來商本壓墊負累已久今鹽花市盛而復奪其行鹽之地如邊餉何至十二年解池遭水鹽花不生科臣又請改行長蘆以蘇民困部議仍命三省巡撫議之明會典載萬歷十七年議准開歸二府改行隸長蘆山東減引一十五萬又減所增食鹽五萬照舊止存額引四十二萬萬歷四十一年又將鳳翔一府改食花馬小池銷區屢變至是遂定明會典載萬歷四十一年題准鳳翔府屬改食花馬小池仍在河東納課領引按鳳課之名蓋始於此然其時中官四出恣爲奸利於是山西稅監亦領鹽稅困商虐民鹽法大壞重以天啓年間更增浮課崇禎中頗欲釐革而籌餉方急無能爲矣明史食貨志載萬歷二十六年廣設稅使中涓四出姦人蠭起爭言鹽利山西稅監亦領鹽課按河東浮課自嘉靖末始於每引正鹽正課外溢增浮課鹽二十觔歲斂四萬三百兩萬歷時稅使苛斂爲害益甚天啓時大工匱絀請增鹽課每引加銀二分共加銀八千四百兩後又增鹽一萬二千引加銀四千兩以充新餉又加練餉銀七千兩然巧立名目藉以苛斂者不在此例

清初沿明之舊設立都轉運鹽使司仍差御史巡視鹽課（清會典云國初河東差御史一人巡視鹽課設運使一人運同一人副使一人運判一人經歷知事庫大使及中東西三場大使各一人按明當崇禎間李自成寇擾關陝河東鹽務產銷區域深羅兵禍順治元年清兵入關自成竄走西安河南諸地多爲明守河東鹽運僅祇山西及順治二年陝西河南漸次平定河東全局乃得規畫）鹽行山陝河南三省行山西者謂之晉岸行陝西者謂之陝岸行河南者謂之豫岸（按清初河東行鹽區域仍明舊制康熙十年汾州屬石樓縣照太汾例改食土鹽二十四年河南懷慶府屬改隸長蘆雍正八年邠州屬長武縣照鳳翔例改食花馬池鹽乾隆三十三年隰州及所屬大寧永和二縣亦撥石樓之例改食土鹽嘉慶十二十八等年陝西邠州及興安府屬改爲鹽稅引地自是以後之實銷河東鹽者山西則平陽蒲州澤州潞安四府解絳霍三州及隰州屬之蒲縣陝西則西安同州二府商乾二州河南則河南南陽二府陝汝二州及許州屬之襄城縣共一百一十廳州縣）歲定正引改引鹽額共四十萬九千九百三十三引（清會典云順治元年題准河東行正鹽四十萬六千七百三十三引改引三千二百按明季河東引額共爲四十三萬二千五百其中三千二百引歲給藩府官吏食鹽又一萬二千引因崇禎五年籌餉而增清初裁去新餉練餉名目酌定正鹽歲額名曰正引並將官吏食鹽變價解部發商領引納課名曰改引）每鹽一引仍明舊例定爲二百觔徵納課銀三錢二分（詳見清會典按明制山西太汾遼沁舊食本地土鹽領河東引繳納引課名曰鹽稅陝西鳳翔府屬舊食花馬池鹽領河東引繳納引課名曰鳳課清初仍沿其例合之商人實行引鹽共爲四十萬九千九百三十三引明自成化以來每引定價三錢二分正德間增爲五錢嘉靖九年減爲四錢二分三十年又減一錢始復成化之舊清初亦沿其例共爲課額一十三萬一千一百七十八兩五錢六分）明制商人領引中納引紙每引徵銀三釐名曰紙價（紙價者蓋即解部刷印引

張之費長盧兩淮等處謂之紙硃福建謂之引費河東則曰紙價其名雖異其實一也

鹽丁撈鹽給予賑濟每引徵銀一分二釐零名曰賑濟米價

明制鹽戶例應雜徭其後蠲免而丁多之戶則由商人出銀隨課交納俾資賑濟以米價為準米價者明初鹽戶工本定例給米洪武十七年改給錢鈔比照米價故賑濟一項亦曰賑濟米價清初仍沿舊例隨引徵收每名徵銀一兩五錢若太汾等處鹽稅陝西鳳課皆不徵米價緣領引而不食河東之鹽非鹽丁撈採故無米價若汾州府屬石樓一縣舊食河東鹽康熙十四年改食土鹽亦係領河東之引不食河東之鹽米價仍舊輸納一區之內課則兩歧然自鹽歸商種丁不赴工賑濟銀兩自存留解部不復給賑矣

各商築鹽掣出多觔割沒入官計贓相罰名曰贓罰

明時盧東兩淮大引本有割沒一項原在引觔之內引觔以外割沒之鹽例設贓罰河東行用小引故引課無割沒名目割沒餘鹽照例罰金祇有贓罰一款自清初以來每年定額納銀九百兩雍正二年川陝總督年羹堯疏稱贓罰本為鹽徒罪贖獲多報多獲少報少不能必有定數部議題准以每年所獲實數儘收儘報永為定制至割沒一項康熙十七年比照長盧淮浙每引加鹽二十五觔增納七分割沒始有割沒銀兩然商人以行鹽地狹戶口凋殘引浮於丁願納加課不受加鹽旋以池遭水患商苦賠累增納割沒遂以停免

凡此數項亦依明舊於正課外照例徵收其餘加派名色悉與蠲除

按明季浮加名色深為商害清初盡革其弊除正課外惟徵紙價各項此外又有池灘地租小麥變價京書麇費等款池灘地租者河東鹽池向有護池灘地明時由各縣徵收安邑經徵張良村東郭苦池三灘地畝共銀六百五十兩有奇夏縣經徵苦池地畝共銀一百四十三兩有奇均係按畝起科名曰池灘地租交納晉藩為畜牧之資清初照舊徵納解存司庫抵給運營工食順治四年裁撤運營改解戶部題明充餉小麥變價者明時安邑縣境東郭湯里任村三灘地畝按畝起科分為上中下三等共徵租麥一百八十九石九斗零每石糶賣九錢應變價銀一百七十兩有奇名曰小麥變價由運司經歷徵解司庫以充養濟節孝等用清初仍沿其例順

治四年部議以養濟節孝另由自有款不動麥價存留候撥京書廩費者明時巡鹽御史有隨行京書例給廩費由曲沃縣地租項下徵解共銀一百四十七兩有奇名曰京書廩費清初亦沿其例順治九年議定裁省解部充餉凡此三項皆依明舊徵納三項之外又有鹽站籽粒及蘆價鹽站籽粒者明時運送王府食鹽舊有停車之地清初革去食鹽以其地給附近居民墾種徵收佃租名曰鹽站籽粒絳縣徵銀二兩一錢四分聞喜徵銀一兩九錢八分夏縣徵銀二兩八錢八分安邑徵銀三兩二錢五分解存運庫爲巡鹽御史給吏書紙筆之用蘆價者護池盛水灘地坐落安邑縣湯里等村附近居民種植蘆葦由縣經徵蘆價明末清理護池侵地業已刪去清初仍行徵納每年共徵一百一十七兩九錢有奇解存司庫爲巡鹽御史運司給吏書紙筆之用凡此二項皆爲清初所定至雍正六年改歸正項充餉要之地租蘆價各款非出於引非徵於商類若蘆灘場課乾隆五十七年課歸地丁概行裁免故現於今河東無地租蘆價等項茲以關於鹽課沿革因附誌焉

順治二年陝豫既平規定運銷其法先鹽後課並以太汾等處票鹽致滋弊竇做山東例一律改引河東革票蓋始於此清會典載順治二年議准太原汾遼等府州停止票鹽改行引鹽清文獻通考亦載是年巡鹽御史劉今尹疏稱河東額行課銀明時給宣大山西三鎮宗祿軍餉今應解京庫其給發鹽引河東地遠勢不能先納銀而後領引應循明例先解紙價而後按引納課河東地方去年十月方出湯火業於順治二年春定期徵解以避商力惟是太汾遼沁舊有票鹽似非一畫當如山東革票行引以除私販之弊從之按明河東票鹽自嘉靖間始行於岢嵐保德諸處後以平定代州商引不至亦改票鹽萬曆間曾因引票兼行致滋弊竇令行票之地一律復引未幾又改用票及至清初做照山東之例革票用引山東票鹽改引蓋在順治元年

三年以潞澤懷慶三屬戶口鹽課深爲民累更招新商分認課額招商分引蓋始於此按河東銷地當明末之際兵禍連年又兼池遭水患鹽產歉荒商人零落黎庶流散課額不敷於是有分派戶口之議計口算鹽計鹽算課若山西

之平陽潞澤河南之懷慶共四十一州縣分認課銀三萬九千二百三十五兩清初以來戶口未復凋殘如故原派之額無從徵足順治三年因招新商准照舊商撈鹽辦課分引行銷新商每名先分引目一千二百比舊商少給七百四引酌量於潞澤懷慶戶口之內順治六年又以鹽引未完續行招商順治十年巡鹽御史劉秉政疏稱戶口屬民將欲減戶口則現今餉急額課難裁將欲舉戶口之課盡歸於商則現辦之課力尚不支計惟招商認課而後戶口可除按道路之遠近運鹽之難易為除戶口之次第經部議行是戶口之累得以漸除

自六年以場務廢弛裁去鹽丁不用撈採因倣宋制治畦種鹽令商人自行澆曬畦歸商種蓋始於此按河東自元明以來鹽皆撈採明成化間鹽丁不下三萬後以富丁納銀免役貧民包攬撈鹽名為富丁不無豪強占充之弊萬歷初始加清理將逃竄貧丁招徠復業其富丁停止納銀盡令撈辦惟時丁夫一萬四千七百不為不多既免差役每撈鹽一千引給賑濟銀十兩不為不厚乃查點不及十之四五撈採不及十之二三埠造空名詐報虛數固屬料頭之作弊亦由鹽官之扶同也迨至明末祇存鹽丁四百七丁半清初撈採之法仍依明舊調取官丁照例撈鹽順治二三年間十三州縣存六千三百四丁後僅存五千八百四十四丁半蓋以積久弊深逃竄如故實於場產大有妨礙順治六年倣行宋法開畦種鹽不用撈採但宋制產歸官有籍民戶為畦戶清制畦歸商種畦夫工作皆係商人自行僱覓則產為商有此其立法之異也明時鹽產亦歸官有自工本鹽起始有商鹽然亦不過少數清則全歸於商順治十年將工本商鹽盡裁以疏官引給票之例因之停止種鹽既已歸商猶有工本名目此又當日之弊也當改法之初議裁鹽丁所有戶籍未能實行清查至康熙十六年查出十三州縣鹽戶實在鹽丁共三萬一千一百三丁半酌留二千名備修池牆之用其餘二萬九千一百三丁半比照民丁之例徵納徭銀十九年酌增二千名共四千名皆為牆工而設雍正六年將酌留鹽丁編入民籍自是以後悉行裁去矣

按引配畦按畦配錠每課六錠分畦一號謂之畦錠畦由錠分錠從畦出商人各立錠名

由官給票謂之錠票有一錠之商即有一名之引有一名之引即有一錠之課引以名計蓋始於此

明制鹽丁撈鹽每丁每年額撈鹽三十引清初丁數不足每丁一名日責撈鹽一引自四月初一至八月初一共應撈鹽一百二十引故一百二十引爲一名以名計引實源於此一名之引該正課銀三十八兩四錢商人納課一錠支鹽二十車每車載鹽十引所支之鹽已溢課額之數順治十三年增課以後每名正課該銀四十八兩隨納賑濟紙價共銀一兩八錢六分合之正課納銀一錠所餘無幾自是每名封課一錠支鹽一十二車以一錠計課又源於此課錠之制始自元代清時按名計引按引計課按課計錠按錠計畦故徵收鹽課亦以錠論

商人領引皆揭錠名按錠合引按引別畦實緣運鹽之商即係種鹽之商故因錠名以辨畦號引畦不越依次支掣此河東之初制也

按自宋以來產鹽歸官運鹽由商明萬歷間令商人自備工本撈鹽准其半報本屬一時權宜後遂成爲習慣於是官鹽以外復有商鹽清初定制鹽由商種亦歸其運蓋撈採既廢倣明舊例令商人自備工本開闢畦地於是鹽產所出不復歸官鹽法由此變矣畦既歸商官立簿冊登記商名凡納課五十兩謂之一錠給引一百二十張謂之一名每畦一號配課六錠亦有十二錠者爲畦雙號其不足六錠者合併積算總符一畦六錠之數按錠合引按畦合錠依限封課引畦不能相越故商人領引必揭錠名開運之時比照引畦酌量勻配依次掣鹽俾得均平此其立法皆因畦地而設畦地者鹽產之根本課錠所從出也至掣驗之法清初定制凡領引目先揭省縣扒掣鹽之日持引到門再揭門扒掣驗放行由各門場吏驗放起運復揭吏扒省縣扒者以防越境門扒者以防夾帶吏扒者以防遲留不發重複影射每引一名裝鹽十二車每車一輛裁鹽十引每鹽一引分裝兩袋逐車驗袋逐袋掣飭當初運鹽之商即種鹽之商守場支運立法雖密弊已難防迨後領引辨課屬於運商種畦賣鹽屬於坐商坐運串私又所不免乾隆初年更定掣鹽之法每引一名由鹽政發給門票一張運司發給坐盜票十二張於放鹽前一日由場大使預報

放鹽數目由運司籤差運商一名赴禁門監收籌票謂之監商製鹽之日商人持引票到門投繳門票每車一輛隨給坐監票一張收車籌戶票攜至料所眼同坐商按引裝鹽卸將坐票截付坐商收繳鹽車到門將監票呈明監掣官鈐記驗放並領木籌照出禁門籌票俱交監商收繳車戶以引照鹽載至卸店中禁門出者卸店於運城東西兩門外東禁門出者卸店於安邑南門外西禁門出者卸店於解州城內掣務至是益加嚴密及咸豐時兼有官運因將監商收繳籌票事宜改派委員經理要之河東掣放皆由禁門較之場區散漫者易於整理雖摺角乾扒及車戶夾帶嘴鹽不無弊端然司掣之員果能實力稽察夫豈有透越之患哉**順治十三年籌備兵餉增加十萬引引多鹽壅商力支絀至十六年停止新引倣長蘆例加課不加引將課銀攤入額引之內每鹽一引徵銀三錢九分八釐零攤課之例蓋始於此**清會典云順治十三年題准增行十萬引照正引徵課十六年停新增引目每正改引攤納課銀七分八釐有奇按順治十三年因兵餉不給增引十萬共增引課銀三萬二千其時戶口未復引額雖增實不能銷故至十六年照長蘆加課不加引之例將新引停止所有課銀加於額引四十萬九千九百三十三道之內每引攤課七分八釐六絲有奇並前課三錢二分合算為三錢九分八釐有奇歲入正課一十六萬三千一百七十八兩五錢六分**復以行鹽各地引目不均或引浮於丁或銷溢於額查照戶口均派勻銷均引之法蓋始於此**按順治十三年以行鹽地方應銷引目宜照現在戶口酌派適均乃行均引之法及十四年巡鹽御史焦毓瑞疏稱山西太汾遼沁例食本地土鹽食解鹽者平潞澤絳等府州陝西鳳翔例食花馬池鹽食解鹽者西同興商等府州事例原有不同丁引難以互通祇能酌量情形畧為增減惟河南銷地俱食解鹽易於均派經部議准派引刊冊著為永例是則當時雖議均引僅僅實行於河南山陝兩省固未均定**當此時也新引既停增課未減雖議均引亦未普及鹽引滯銷**

陝西州縣致有按畝攤派之弊清文獻通考載康熙七年飭禁陝西州縣官按畝攤派銷引病民戶部議言各省鹽務皆令商人自行銷運今陝西州縣官轉向商人買引按畝攤派每引費銀一兩甚爲民困應飭嚴行禁革從之及康熙十四六年兩次加課每引增銀一錢二分清會典載康熙十四年題准正改每引加課銀五分十六年題准每引增加課銀七分按是時又以軍需不給量加鹽課共爲一錢二分合之原額每引徵課五錢一分八釐有奇十八九年兩次加引共增四萬四千七百六十一引清會典載康熙十八年題准計丁加引四萬四千七百六十一道十九年計丁加引四千三百三十三道皆照例徵課今考會典所載之數緣有閏引在內閏引者康熙十七年題准有閏之月照加鹽引及二十一年旋即停免若除閏引不計則十八年所加者陽曲等四十州縣爲一萬七千四百六十二引西安府屬爲二萬二千九百六十七引十九年所加者僅於山西陽曲等處而陝西無之自是河東引額歲爲四十五萬四千六百九十四引以當時引課證之歲徵課銀二十三萬五千五百五十九兩有奇然自攤課以後商累日深戶口凋殘尙未完復增課增引非獨累商且並累民按康熙二十八年巡鹽御史郝維謙疏請豁免制沒鹽觔請河東戶口凋殘鹽多引積不如引少易銷則知當時丁口尙未復也又謂河東商人十餘年來勉輸包課受累已深若加鹽而不能售歷任商本辦課無貧更增商累則知當時商困情形在於鹽壅然自康熙十四年後始而議加課繼而議加引不以疏銷爲務鹽法之弊此亦一端未幾池遭水患商無掣支議開小池曬鹽濟課河東鹽池全賴渠堰護障管理工程宜有專責自宋以來責之地方印官無如各州縣地方政務日不暇給佐貳等官各有攸司即承委查工大都苟且敷衍迨及明代水患屢遭遂令分司專管凡蒲州萬泉平陸芮城工程由中分司管理解州臨晉猗氏聞喜工程由東分司管理安邑夏縣滎河河津工程由西分司管理清初仍沿舊制康熙十六年將河東運同運副運判一時並裁責成員歲修失理至十八年池爲水

決鹽場因受其害十九年定議暫開五小池接濟運銷顧全課額五小池者永小金井賈瓦蘇老及喬家溝是爲五池共開畦地四百二十九畝有奇比照大池均地立畦仍編五百一十三號二十五年大池水退修葺告完始將小池畦井填塞復歸大池澆曬然場產虧損已閱七年矣又以鹽不敷運至二十四年因將河南懷慶府屬改隸長蘆減除三萬七千二百五十一引引地變通蓋始於此按懷慶府屬行銷解鹽其實解鹽運赴懷慶中隔太行山路崎嶇河流不通車輛難載日久相沿未之或改先是康熙四年懷民沈澄因代商賠課銷引無鹽援明開封改食長蘆例呈由河南巡撫入奏經部題請敕下三省督撫會同長蘆河東鹽政查覆議定解商運至各縣鎮設店賣鹽商運商銷永不累民究之懷屬行銷蘆鹽較稱便利乃竟拘守成例敷衍結案至是以鹽池被水無鹽可運河南巡撫復請改食長蘆部議題准遂爲定制自此懷屬引課由蘆商完納河東課銀減除一萬九千八百七十三兩四錢二十五年鹽池修理仍歸大池澆曬六七年來鹽產歉缺商困已深無力辦運或由散商包銷或由土商販賣零星碎雜販運不常二十七年因將三省引地另行招商領引納課於是曬鹽者曰坐商行鹽者曰運商坐運之分蓋始於此河東初制種畦運鹽均屬一商本無坐運之分自鹽池被水各商疲累無力致遠應運鹽引或包與散商或賣與土販拖引誤課弊竇漸生康熙二十七年始行招商認地辦運舊商守場種畦專主曬鹽坐地待售故曰坐商新商領引納課專主行鹽故曰運商此坐商運所由分也坐商性質類於蘆淮之竈戶而猶稱商者則以河東引目原揭商畦錠名按錠計引畦即隨之故存商名以別引畦至於運商行引亦必揭用坐商錠名謂之坐錠坐錠引者舊分畦號皆有各錠商名額引額畦分配已定故仍原錠商名論其性質又類引窩之頂充未若長蘆淮浙引揭本商較爲畫一坐商曬畦工作需費乃由運商出銀償給工本銷

價之例蓋始於此以視初制固一變矣河東初制坐商竈鹽兼辦課運無所謂銷本價自坐運既分始由運商出價以爲坐商工本價每錠給銷價銀二十四兩每鹽一引爲銀二錢每畦六錠共銀一百四十四兩但坐商既得鹽價又得銷價運商所出未免重複迨其既也坐商錠票轉典他人牟利之輩空典錠名銷價一項視同利息並與澆竈無關名實不符此又銷價之流弊矣商法已變商力宜紓二十八年將加課停徵照舊完納按康熙二十四年將五分加課停徵至是變通商法整理運銷又將七分加課停徵俾紓商力自此課額復舊每引祇納三錢九分八釐零歲行引額四十一萬七千四百四十三引徵課一十六萬六千一百六十八兩有奇其後河工銅觔及辦公各款名目繁多非濫派於商即取自規費官吏陋規成爲積習洎康熙末弊端尤甚此雍正初年所以有裁革浮費之議也按康熙中葉以後各區例有河工經費銅觔水脚及辦公各款或由雜款支領或由鹽官捐解河東河工銀兩每年由運司解交四千此款始於康熙三十八年銅觔脚價由巡院運司將所得盈餘捐給此款始於康熙四十二年然積習相沿大都濫派商人出於規費及康熙五十三年雖將官吏陋規查明歸公而浮索之弊固未免也

雍正三年以河東鹽法積弊已深將河工銅觔各項名色及官吏陋規盡行裁革惟於額引項下每引一名加徵官錢銀十一兩公務銀二十四兩八分凡此兩項總爲雜課一切公費悉取給焉官錢者徵入雜款題明充公或歸解部或撥餉需故曰官錢公務者辦公各費隨課交納故曰公務均係相沿陋規裁留歸公之款雖分兩項實則一也先是康熙年間凡河工銅觔養廉飯食以及巡費等項皆分列款目雍正三年川陝總督帶管鹽務年羹堯因款目繁多並官吏陋

規俱行裁革，惟立官錢公務兩款，按引徵收，以歸統一。官錢每名納銀十一兩，每引徵銀九分一釐六毫有奇；公務每名納銀二十四兩八分，每引徵銀二錢六毫有奇。兩項共為二錢九分二釐三毫有奇，以實行商引計之，每年共徵十萬四千三百四十一兩九錢四分九釐，以五萬充餉，餘作公用，例如渠堰歲修、各官養廉、都察院飯食、各衙門書役弓兵巡役工食及解餉、領引各費，皆由此項動支，著為定例。

額課錠銀餘賸零數合零歸整足成一錠名曰扣錠舊例每引一名該正課銀四十八兩，賑濟銀一兩五錢，紙價銀三錢六分一釐有奇，餘銀一錢三分八釐有奇，賸有零數，以零歸整，名曰扣錠，共成五十兩，統歸正課，是為一錠。以實行商引計之，每名納銀五十兩，每引徵銀為四錢一分六釐六毫有奇。扣錠一項，按額二千七百八十八錠半，每年計銀三百八十五兩四錢三分三釐。此正引課錠之例也。至加增引目，商人領引八張為一把，十五把為一名，每名封課四十六兩二錢四分五釐有奇，內正課四十四兩五錢一分八釐有奇，賑濟銀一兩三錢九分一釐有奇，紙價銀三錢三分五釐有奇，比正引額課每錠餘銀三兩七錢五分四釐有奇。雍正六年議准，亦照正引徵收，按額一百八十七錠，每年徵加增餘銀六百九十八兩二錢二釐。又按加增引目，如臨晉等處，舊歸地方官領運辦運之官，每名私收銷價，所封正課亦同商辦之例，每名四十六兩零。雍正八年改令商人領辦，比照額引徵收課錠，其銷價銀兩仍歸坐商，自是加增引一律歸商，無復官辦之處。

各錠名下畸零引數不能歸錠餘出之引另立名目曰官置昌河東定制，按錠合引，共三十五萬七千四百十六道，皆有商名，依限封課掣鹽，其各錠名下零引不能歸錠零引者，自一引至九十九引，皆為零引，若數至百引，除去六十引作半名，下餘引數仍為零引。凡正引、加增引通算，共餘一百二十引，名曰官置昌，由運司發商運銷，得銀一百零一兩八錢，不入正額。雍正六年歸公充餉。

又以引不敷銷頒給餘引照例徵課加納公費餘引之例蓋始於此清會典載：雍正三年題准，河東引分與山陝河南三省行銷，各州縣常有不敷，每年頒餘引十萬，如遇額引不敷，即由運司填給，儘銷儘報，存賸餘

引仍於奏銷時繳部此餘引所由始餘引納課照正引例惟於官錢公務外加捐公費銀兩隨課完納存留運庫備充公用每名合銀六兩每引合銀五分故餘引有公費一項蓋額徵之外另取商捐也免商後定例隨納鹽引公費郎原於此按河東餘引自雍正三年額引十萬雍正六年增引二萬七年又增三萬八年又增五萬皆以行銷不敷陸續增加並將初額十萬作為定例乾隆五年以閏月核加二萬六年又以行銷不敷增加二萬先後共額餘引二十四萬凡雍正六年以後額發者謂之續增餘引乾隆十六年因餘引過多積鹽難銷減去四萬十八年增復二萬二十一年又復二萬二十六年因池遭水患題減七萬三十年增復三萬三十二年續復二萬四十九年又復二萬仍足二十四萬之數每年於行鹽地方均勻派銷由是各州縣餘引配有定數然有餘不足例得通融非若額引不容增減也歲定課額計正課錠銀九萬九千兩扣錠銀二百八十兩官錢公務銀七萬一百六十兩以銷數之多寡為課入之標準儘銷儘報雖有定額又非若額引課款不容虧缺也**額餘引課零存餘銀歸併積算謂之積餘併餘**河東定制零引不能成錠按名徵課每以零歸整餘出銀數歸併積算曰積餘併餘例如官錢零引每引納銀九分五釐公務零引每引納銀二錢六釐皆為積餘若解安并代銷官務零引每引納銀二錢九分二釐有奇緣係後來加添不入積餘項下又如加增餘引及解安加引每名納課錠銀四十九兩五錢扣錠銀一錢四分較之額引每錠餘銀三錢六分皆入併餘項下**積併而外則有平餘平餘者鹽課解部隨解加平飯食也**鹽課解部舊有加平飯食隨同解交謂之平餘定例商人納課每銀千兩隨納平餘二十五兩**正課而外復有潞澤節省唐裕歸公則皆商人報繳之款也**潞澤節省者山西潞安澤州兩府及平陽府屬之洪洞翼城浮山岳陽四縣引地由商人范毓馥一人承辦得有餘利每年於正課外繳銀二萬兩謂之潞澤節省始自雍正四年唐裕歸公者河南唐縣裕州澠池三州縣引地先係捏名詭商租與供商承辦坐獲厚利後經查革由通省商人協辦歲繳餘利謂之餘利歸公澠池歸公銀三百三十四兩九錢一釐始自雍正九年唐縣歸公

銀四千五百兩裕州歸公銀一萬三千四十三兩六錢五分四釐皆始自雍正十三年總爲唐裕歸公與潞澤節省名異實同此其性質類於報效固非鹽法正例

又以各商運鹽陸運居多盤山過渡不無折耗每鹽一引加重四十觔加耗之例蓋始於此

河東舊例每引正鹽重二百觔分爲兩袋每袋裝鹽百觔俗謂兩裝掣支鹽秤向由御史較定歷來御史抵任輒將鹽秤改輕待商懇求又復任意加重並不具題遂致鹽秤輕重竟無標準每鹽一袋多至三四十觔不等積弊成習視爲固然迨雍正初川陝總督年羹堯帶管鹽政乃更假揑商名意圖不問利明知其弊不肯改革且於自已行鹽地方每袋加至五六十觔雍正三年巡鹽御史馬喀淸理鹽法疏稱三省行鹽並無河路可通非用驢馬馱載即用車輛裝運盤山過嶺涉水渡河實多耗折任其夾帶則私鹽充斥仍照成例則商本虧累莫若酌量加耗劃一鹽秤以十六兩爲準每袋明加二十觔著爲定制庶則夾私可除商本無虧經部覆准自是每引重二百四十觔此河東加耗之始也先是康熙十七年加課七分原因加鹽二十五觔而定商人情願加課不受加鹽當滯銷之時惟恐鹽多暢銷之時惟恐鹽少此又運銷之情形商業之習慣也至餘引加耗始自雍正九年淸會典載是年題准河東餘引每引加鹽四十觔以資折耗自是額餘引一律加耗

雍正七年以解安額引舊由各商代銷正雜課款亦由各商代納解安食無引之鹽各商完虛引之課於是增引八千七百道令於解安招商領辦名曰解安加引歲增課銀六千一百四十二兩零

解安歷來無商舊定鹽額八千七百引一切課銀錢皆係三省運商代納商人領引每名祇給一百一十七引扣存三引爲代銷解安引張貯存運庫於奏銷時截角繳部此其立法實以產鹽之地難於銷引之額而不易權宜辦理遂致解安食無引之鹽各商受其代課之累以雍正七年巡鹽御史碩色疏稱鹽隨引掣若以一百十七引支一百二十引之鹽即屬夾帶況解安生齒日繁既不銷引必食私鹽且以解安應完引課分攤三省商人亦屬不公

解安額引仍歸解安招募良商領運辦課各商領引每名添給三張以足一百二十引之數另於額引外再頒八千七百引發給各商按實數支運惟解安無商已久難以疏銷照餘引例儘銷儘報存賸之引繳部查覆應民免食私商免代納而行銷地方皆係有引之鹽經部議准解安加引蓋始於此歲增課錠銀三千五百八十八兩七錢五分扣錠銀十兩零一錢五分官錢公務銀二千五百四十三兩二錢 雍正八年以陝西長武縣舊銷河東之引而食花馬池鹽於是倣鳳翔例改食花鹽增引八百四道照舊納課名曰長武加引歲增課銀三百二十兩零 清會典云雍正八年題准陝西邠州長武縣改食花馬池鹽增八百有四引發長武縣照鳳翔例納課行運長武舊額六百四十五引歸入餘引令陝西行銷照餘引例納課 綜計雍正三年以後課款之清釐引目之增加耗鹽之酌定代課之免除河東榷運爲之一變然鹽務根本在於場產禁牆渠堰關係鹽池不能不時加修築故雍正三年六年預提經費籌備歲修 渠堰者鹽池之外障禁牆者鹽池之內障鹽池利害關係國稅及三省民食保障鹽池則渠堰禁牆歲修工程尤爲鹽政第一要務自康熙二十七年議定按丁分工每年春秋二季修築禁牆渠堰行提蒲解十三州縣鹽丁四千餘名並撥民夫派工分修相習日久率皆臨時塞責照例舉行雍正三年巡鹽御史馬喀因將民夫裁革每年於額引公務項內留存銀五千兩爲修築渠堰之用雍正六年御史碩色又將鹽丁裁革每年於餘引公務項內留存銀六千兩以三千兩爲池牆歲修之用以三千兩存儲運庫積至五年以作大修之費先後疏請經部題准是歲修遂有專款雍正十三年以每年修理渠堰皆有餘銀停止禁牆歲修三千兩如有坍塌由渠堰費內動支並將渠堰工程分別險易次第興修姚暹一渠分三爲一年李綽卓刀等六堰分爲一年其餘諸堰分爲一年依次輪修立限保固乾隆三十年又定興修工程照河工例於十月內題估次年四月內題銷令承修各官保

固規畫益密矣畦地墾治關係產額不能不勤加督責故雍正七年開墾荒畦招商澆曬出課於鹽出於產整理畦地亦關重要清初定制三場鹽畦共五百五十七號後以商人怠於澆曬鹽官倦於督課所有畦地日就荒蕪及雍正間無商而荒者九十三號有商而荒者一百一十號留存熟畦僅祗三百五十四號熟畦者遞年澆曬之畦也久荒不墾則曰荒畦一時曬時停則曰半熟半荒畦雍正七年御史碩色以澆鹽價昂貴買運維艱由於畦地荒廢鹽產歉缺疏請動支庫銀五千兩開墾荒畦待成熟後招商澆曬令領餘引搭配辦課如商人願領即令補還工本歸爲商業新墾之畦出鹽差少每錠減半祗收銷價一十二兩約計一畦六錠每年可得銷價七十二兩抵還庫項其有商荒畦既得運商銷價應令本商各開各畦若其無力即由頂名運商開墾更名報部另給錠票經部議准其注重場產也又復如此。雍正一朝實爲整理時代矣

乾隆初年承整理之後補偏救弊以河東鹽價向無規定因照時價酌量增減定價之例蓋始於此按乾隆八年鹽政吉慶以三省鹽價向聽商民與州縣官自爲權衡議增議減稍有不協非虧商累課即擡價病民疏請就時價分別貴賤造冊報部此鹽價報部之始乾隆十年又由河東鹽政及三省巡撫會同議請以商民相安之價作爲定價此爲規定鹽價之始鹽價貴賤爲商本民食所關任其擡價則於民食有害勒令賤價則於商本有虧況池鹽產額歲有豐歉民間物價又自不齊要在隨時酌量務使均平故官價不可不定然亦非可拘守成例滯銷地方減除額引勻歸暢銷之處作爲餘引令其行銷清會典云乾隆三十一年題准蒲城縣額行七千三百一十七引減千九百二十九引夏縣額行五千二百四十八引減千三百十有一引歸於河南唐縣作餘引行銷按蒲城有鹵泊灘夏縣附近場地皆緣私鹽充斥額引難銷故酌減額引改作餘引先是雍正初年長蘆因鹽引壅滯將滯銷地方勻令各商通融代銷而河南一省雖有長蘆引地兼有河東及兩淮山東引地河南總督田文鏡疏稱銷不

及額之州縣非食之少非銷之難由於地方官以緝私不嚴疏通官引全在緝私通融代銷則是一引行鹽兩縣名爲裕課而奸商藉以越境販私重復行運額引餘引同屬官鹽與其開通融之端流弊無窮曷若分領餘引接濟民食經部議行至是仍做其例將蒲城夏縣所減三千二百四十引改作餘引勻令唐縣行銷

乾隆十六年以歷年餘引存積過多酌減四萬道尋又復之清文獻通考載乾隆十六年鹽政西寧疏稱河東餘引存積既多商人領運不前請減餘引十分之三部議以額給餘引本爲廣濟民食起見例准儘銷儘報自雍正十三年至乾隆五六兩年陸續添增至二十四萬引若遽減十分之三核計減數爲七萬二千引較之歷年未銷之數反覺過多應將續增四萬道暫爲酌減其二十萬道作爲定數從之乾隆十八年鹽政薩哈岱以積鹽銷完商力稍紓奏請酌復二萬道二十一年鹽政西寧又以各地暢銷奏請酌復二萬道自此河東餘引仍如舊額

餘引既復而池遭水患鹽產歉缺配運額引且猶不敷借買長蘆蒙古花馬池鹽借運之例蓋始於此按乾隆二十一年鹽政西寧疏稱河東每年額餘引張共五十八萬三千一百三十八引配鹽四千八百五十九名六七等月陰雨連綿收鹽歉薄除配運外不敷尚有二千四百名請借買長蘆餘鹽一千五百名仍用河東額引運發附近豫省之汝州等縣及晉省潞澤各屬按地行銷即將河東收獲應配晉豫二省鹽觔就近改撥陝州省經部覆准此借運蘆鹽所由始也嗣於二十二三四五等年皆援成例借買蘆鹽一千五百名或一千名不等三十九年又請借買蘆鹽時長蘆餘鹽無多僅祇撥借六百名蓋借運蘆鹽凡有八次乾隆二十二年鹽政那俊疏稱太原府屬之苛嵐州等處地近沿邊向准買食蒙古之鹽本年池鹽歉收請運鄂爾多斯鹽二千三百名以資接濟河東運發陝省鹽觔由黃河運入渭河舊時船筏行之已久今自磴口裝載由黃河運至河津縣蒼頭鎮順流而下計程不過二千餘里鹽觔轉運必經河保各處按票查驗放行進口經部覆准此借運蒙鹽所由始也然遲逾兩載買到之鹽僅祇三十七名二十五年鹽政薩哈岱又請借買吉蘭泰鹽三萬石遷延一載僅買到鹽九名蓋借運蒙鹽凡

有兩次至花馬池鹽亦於乾隆二十一年由鹽政西寧疏請買運五百名僅運到二十九名二十四年鹽政薩哈岱疏稱池鹽所收無幾山陝兩省全賴蒙鹽接濟奈急切不能運到請買惠安堡及花馬大池鹽令商人自備資本前往買運以濟民食仍照長蘆之例給發護票所買鹽觔配河東之引輸河東之課其本省課稅一律免徵俱經部議覆准二十五年援例續行借買蓋借運花馬池鹽凡有三次借運者本屬一時權宜例如蘆鹽十則隔省發運終多窒礙蒙鹽則轉運維艱緩不濟急花鹽則池小鹽缺雖行借買有名無實此又缺當日之情狀也借運雖行道遠費重加以池鹽薄收場價日增不能不酌增鹽價每鹽一觔加銀一釐加價之例蓋始於此按自乾隆八年定立鹽價彼時鹽池旺收場價未昂每鹽一名價銀不過二三十兩其後歷年歉收場價漸增至乾隆二十一年鹽池被水收鹽益少每名場價約增八九十兩不等兼以借運長蘆蒙古花馬池鹽程途遙遠運費亦重鹽政西寧疏請增價二釐部議准增一釐是為河東加價之始二十六年鹽政薩哈岱又請增價一釐合前所增共為二釐夫借買以濟運加價以恤商均屬一時補救而久遠之計當以經理鹽池為急務乾隆二十三年乃於池北築堰俾護畦地清文獻通考載乾隆二十三年鹽政那俊疏稱鹽池畦地為鹽產之本引課之源今為水所淹沒急須修築應於池北築堰一道厚乾堰內之水使復舊畦以資澆曬其餘地有可墾者多開新畦添補不足部議如所請借給耗羨銀兩興工修築從之惟時水患未退鹽仍歉收乾隆二十六年酌減餘引七萬道並將鹽價每觔加增一釐清文獻通考載乾隆二十六年鹽政薩哈岱疏稱鹽池被水以來產鹽既少不敷配運暫行酌減餘引七萬道現價之外每觔酌增一釐俱經題准嗣以畦地完修產額漸旺乾隆三十年先後增復餘引五萬道清文獻通考載乾隆三十年鹽政李質穎疏稱河東本年收鹽配引足額外尚存鹽三千二百名有零應請收

貯留待不敷年分以備補用部議做照淮揚之例配用餘引

無如連年產數實不敷運乾隆三十九年又議開曬小池並借蘆鹽

按乾隆二十八九年畦地新復產鹽之數除配運外不無盈餘部議遲以酌復餘引爲請然歷年所產之鹽實不敷運是時商銷額引三十六萬四千一百九十八道餘引二十二萬道歲需鹽四千八百餘名自三十一年至三十四年共缺鹽四千三百餘名後以遞年產數未能補足缺額乾隆三十九年鹽政瑺齡疏稱大池產鹽不敷配運請開六小池並撥借蘆鹽接濟經部題准今考當時產不敷運多係餘引之額餘引一項儘銷儘報雖有定例而司榷政者視爲考成所關不敢過於減少及至鹽運缺乏則又斤斤於補救無惑乎辦理之拮据也

十餘年間援照成案補救多方而疲敝如故者緣自黑河淤高鹽源涸廢各商種鹽開井取滷澆曬工費倍於從前產額日衰商力日絀此實河東之大變也

按畦地南面舊有黑河一道實即鹽池東西長五十一里南北寬五六里不等形如釜底經年不涸泥色純黑故曰黑河自乾隆二十二年硝池之堰決客水灌池挾泥帶沙致將黑河淤塞蓄水無多稍旱則涸稍澇則溢每當春夏之交無涓滴可資澆曬各商因於畦邊開挖深溝蓄水澆曬水味不及黑河而澆曬之費數倍往昔商力日絀實由於此乾隆四十一年以畦邊開溝所蓄雨水曬出之鹽味淡而苦因議挑挖黑河去淤蓄水然僅挑寬四十丈濬深一丈鹽根未透滷質不及從前四十二年東場商人劉皁和創爲掘井之法井面極寬環繞率數十丈下則層級縮小及泉而止井深五六丈或七八丈汲出井水味鹹色赤以之澆曬成鹽頗易即今所謂滹沱井也及光緒初年商人李傳典變通井式直穿而下不爲階級其形與汲水井眼相同井之四周均甃椿木以防坍陷每井約需錢數十千工費雖省終不若滹沱之經久且穿井之法僅宜於東場亦不若滹沱之三場皆宜近今穿井者多滹沱漸廢畦商祇圖省費忽於久遠鹽業衰落已可概見夫當黑河未淤以前池水淵渟不溢不涸池鹽時代取多用宏黑河既淤以後鹽根沈積開井取滷始可澆曬遂爲井鹽時代此古今一大變也溯自黑

乾隆二十二年以迄今日凡一百六十年而黑河故迹幾不可尋河東鹽池本屬黃河伏脈浸漬匯成天產美利亘古常存若能大興工役修復黑河實爲鹽務根本論者乃謂開井以來盜洩地氣鹽產之盛不逮往古斯於物理固未達矣由是本重價昂商不能支乾隆四十一年廢除長商酌定年限准其更換以五年爲一次短商之例蓋始於此河東舊制向係長商領運雖准更換並未定有年分原以杜規避之端乾隆四十一年鹽政瑞齡疏稱商力日疲若非酌定年限招商更換必致虧課誤公晉省運銅招商採買以五年爲一次應照其例自後招充鹽商亦以五年爲更換之期令現充各商先期自行舉報殷實富戶由山西巡撫行查各府州縣詳覈果係殷實取具印甘各結存案俟應換時查其五年內引課無虧許令更換儻有故意停引欠課情弊嚴行追繳毋許貽累新商經部覆准自此始有五年更換之例四十二年做照兩淮變通運制凡商人領運某引之鹽應配某畦令各商自行鬮定坐配之例蓋始於此河東舊制引畦相隨故運商領引必揭坐商錠名其續鬮之畦謂之餘畦續增之引謂之餘引不在坐錠之列運商任意運鹽坐商因以居奇乾隆四十二年按額餘畦數額餘引數均勻搭配凡運商所行之引分配坐商所曬之鹽運賣鹽觔先儘額畦因倣兩淮之例令運商自行鬮定名曰坐配其引鹽一切亦令運商稽査不許坐商私相租典行之既久未免失眞非獨運商配鹽不問所坐之畦在於何處卽坐商賣鹽並莫知原坐之引在於何畦終清之世皆係通融辦理惟於報掣之時照例聲明以副奏案蓋緣運坐既屬相安故亦不能拘泥成例也掣鹽之後分別頒發稽運護運等票以杜私弊運票之例蓋始於此河東舊制祇將部引散給車戶驢夫沿途照驗或一人領一張或一人領數張零星駝載前後參差引一遺失往返査追鹽必停擱私販盜賣弊竇易生乾隆四十二年做兩淮例改由鹽政發給稽運票運司發給護運票彙齊引張加封引皮均付押運之人愼重收藏其車戶驢夫另給運環小票以便驗放引鹽到地將各票同引

一併呈交地方印官截角申繳復定加耗月分每引增鹽五觔清會典載乾隆四十二年以鹽觔陸運易於損耗若遇夏秋雨水虧折尤多准照兩淮於五六七八等月酌半加添每引量加耗鹽五觔又載四十九年奏准河東運鹽例於五六七八月每引加耗五觔惟五月至八月正屆農忙必待九月以後天晴路乾農隙之時方能源源掣運將原定月分改於九十十一二等月遂爲定制凡遇加耗之月每引兩裝每裝加鹽二觔半每名共加鹽六百觔四十三年以河東鹽務事簡裁撤鹽政改歸山西巡撫兼管按鹽政本係巡鹽御史改定名稱河東巡鹽御史康熙十一年曾經停差改由山西巡撫管理鹽務十二年仍舊設立雍正二年又停御史差將河東鹽務交川陝總督帶管三年復差御史清會典載乾隆四十三年諭河東鹽政與山西巡撫各有專司未免意存畛域河東鹽政事務本簡非長蘆兩淮可比況浙江福建兩廣俱係督撫兼理鹽政河東鹽務即由山西巡撫兼管俾事權歸一呼應較靈於商民均屬有益著爲令自此鹽政裁撤永爲定制鹽政已裁陋規浮費得以稍省商力宜可轉移而五年更商期限甚暫遂致敷衍從事弊端百出乾隆四十七年停止更換之例依舊定爲長商將三省引地分爲上中下等配搭均匀鬮分認辦按自乾隆四十一年改定短商遴擇富戶令其充商鹽務頭緒紛繁本非富戶所習充商之始首尾茫然全憑商夥經理僱用商夥亦以五年定限爲時甚暫一切敷衍從事不復認眞經理甚至侵漁浮冒弊竇叢生即有一二實心實力者甫屆五年情形漸悉而瓜期已代易之生手仍蹈前轍其在本商又以累歲賠累比及五年無不藉詞告退故短商較之長商尤爲竭蹶乾隆四十七年將五年更換之例議准停止先就現商中擇其殷實者定爲長商疲乏者令其歸業人數不足即令所留之商公同舉報若所舉不實即將引地派令舉報之商公同認辦並將三省引地分爲上中下三等按道里遠近暢滯情狀就現商引名搭配均勻分爲五十六籤每籤以八十名爲率由各商鬮分掣辦使無高下偏枯之弊又以

運費倍增於原定加價外每鹽一觔更加二釐河東自鹽池敗壞曬鹽工本較前增費場價日貴於乾隆二十一年二十六年先後加價二釐原定三年為限節次請展及乾隆四十七年尚未停止至是又因運腳增費於前加二釐外復加二釐共為四釐乾隆五十年復將前加之價准作定額清會典載乾隆五十年諭以河東池鹽全係陸運需費浩繁戶口日增物價皆貴運鹽之食物腳價較之往年有增無減將前定二釐鹽價准作定額以紓商力按原定二釐加價是年適屆限滿照例請展故有准作長價之諭其續增二釐加價至五十七年亦准作為長價通計乾隆一朝其初鹽引滯積減引以疏之產額不足借運以濟之其後商情疲敝始則議加價繼則議加耗調停於長商短商之間日事補救終以鹽池變遷陸運艱阻商本虧損積弊相仍幾有不可收拾之勢迨至乾隆五十七年課歸地丁鹽聽民運河東鹽法自此變矣

乾隆五十七年以鹽務積疲短商既形竭蹶長商亦不能支因將鹽官及商人俱行裁革廢除引制聽民販運清會典云乾隆五十六年議准河東鹽務積疲商屢換則病在富戶價屢增則病在貧民惟有課歸地丁聽民自運既無官課雜費又無兵役盤詰及關津阻留小民踴躍爭先斷無販運不前者國無加賦之名民無淡食之患補偏救弊舍此別無良法其池鹽向不收稅聽令各原畦主照舊澆曬發販官為彈壓以杜爭端自五十七年為始撤去運商鹽聽民運原設鹽政各官已無專司之事所有鹽政運司運同經歷知事庫大使中東西三場大使概行裁汰鹽政印信係山西巡撫兼管即將印信繳銷題本一切蓋用巡撫關防額餘引張概予停領清會典云乾隆五十七年議准行銷河東

池鹽之山西陝西河南三省每歲額引四十二萬六千九百四十七道餘引二十四萬道無庸再領紙硃銀兩免其解納所有正雜課款歸入三省地丁項下酌量攤徵按河東鹽行三省當時課額在山西者則有領引行鹽之臨汾等四十四州縣應徵課銀一十六萬三千二百五十七兩零其領引不行鹽之陽曲等四十四州縣應徵鹽稅銀一萬九千一百五十四兩零共完課稅銀一十八萬二千四百十二兩零在陝西者則有領引行鹽之咸寧等四十三廳州縣應徵課銀一十二萬四千四百七十三兩零其領引不行鹽之鳳翔等九州縣應徵鳳課銀六千九百七十八兩零共完課稅銀一十三萬一千四百五十一兩零在河南者則有領引行鹽之洛陽等三十二州縣應徵課銀一十九萬九千八百十九兩零統計三省正雜課稅共銀五十一萬三千六百八十餘兩當時三省行鹽各屬歲徵地丁銀山西二百八十三萬二千七百十七兩零陝西一百四十七萬二千一百十三兩零河南六十六萬六千四百十五兩零山陝兩省地丁多而鹽課少河南一省地丁少而鹽課多酌量均攤河南每地丁銀一兩攤納鹽課銀一兩三錢共爲八萬六千六百三十三兩零山陝每地丁一兩攤納鹽課銀九分九釐零山西共攤二十八萬一千十二兩零陝西共攤十四萬六千三十七兩零以攤數覈之則河南每地丁一兩攤徵銀數較之山陝多攤三分有餘以各省應徵鹽課覈之則山西代攤河南銀爲九萬八千五百九十餘兩陝西代攤河南銀爲一萬四千五百八十餘兩其在河南雖有河工歲料幫價及搶險之年加徵銀兩均係按糧輸納鹽課攤數不便過多故特通融辦理勻攤於山陝地丁之內而山陝人民代攤河南鹽課苦樂已不能均課歸地丁本屬權宜乃於權宜之中更行通融之法固亦未爲得矣課歸地丁法似甚便究其實際民間納無鹽之課豪商賣無課之鹽苦樂不均轉滋弊竇按課歸地丁法始於五代五代之際晉行兩稅鹽錢均鹽課於田稅本弊法也清時始行於甘肅當雍正初年甘肅鹽課攤歸地丁室礙多端及雍正九年改行招商是甘肅當日之弊已有明證乾隆四十七年山西巡撫馮光熊因河東鹽務疲敝既久不求其本遽以課歸地丁爲請戶部亦未詳究利害率行議准

豈不曰舍此別無救弊之法而不知其適以滋弊也嘉慶初年甘肅又擬倣照河東復將鹽課改歸地丁惟時龔景瀚極陳其弊以謂出課之民不必皆販鹽之民刻有力之家精於心計必不肯多置田產販運鹽斤賤積貴售不輸稅課坐享厚利乃令力田農民代之納課其弊一利權不可以假人官不配鹽無人經理游手無賴之徒羣集其中趨之使爭爭端既起既不可以驅逐又不易於稽查積久生奸必釀事變其弊二田賦雖輕尙不能無逋欠若驟加以鹽課能保其不拖欠乎官必嚴行苦比豐稔之年猶可勉強催科一遇水旱正項錢糧可以奏明蠲緩而鹽課必不能減將仍取之民民不能堪將不取之民課從何出其弊三行鹽雖有地界各州縣分引多寡並未按照地畝通都大邑四達之衢銷鹽多則配引多山僻小邑無可通融銷鹽少則配引少招商辦運猶可隨時變通歸於地丁則永爲定額多寡不一苦樂不均其弊四所陳各弊深切著明茲特附錄於此後之論鹽法者可以觀焉

兼以禁例既弛私販者衆非獨河東之鹽東侵蘆綱南侵淮岸卽蒙古鹽觔亦得影射販越官價私價貴賤懸殊民間貪賤買私蘆淮引課皆受其害

清會典載乾隆五十七年議准河東課歸糧輸鹽聽民運如有就近買食土鹽花馬池鹽蒙古鹽之類不許禁阻並不許私收稅錢庶處處有鹽民食無虞缺乏惟池鹽界連湖北之處恐有販越應飭地方官留心緝禦其坐商曬成鹽料除聽人買販外許坐商自運山陝河南三省出售如願收存緩售者亦聽其便自茲以後鹽禁悉弛既無引額又無掣官鹽不完課遂爲自由販賣雖定例祇准運銷原行引地越界卽以私論究之無課賤鹽任民自運私越之弊夫豈能長免刻河南一省行鹽各州縣東與蘆岸相連南與淮岸相接例如開封彰懷等處爲長蘆引地汝寧府屬爲兩淮引地處處與河東引地犬牙相錯易於透私又如湖北襄陽安陸等府向爲淮綱暢岸河東私鹽由南陽府屬新野等縣侵入襄陽蔓延安陸府荊門州又由陝西興安一路經龍駒寨荊紫關侵及泌陽而蒙古之鹽亦復影射販越甚於蘆淮引課有礙蓋河東鹽務非甘肅可比當日改歸地丁未能統籌全局宜其貽害蘆淮也

暨嘉慶間議定蒙鹽起運以積

口鎮・為限河東鹽起運以茅津對渡為限派員駐緝冀杜越私按嘉慶五年以河東池鹽及蒙鹽侵越長蘆兩淮引界題准蒙鹽水運至磧口鎮起岸河東池鹽由茅津渡對渡登岸酌定界限毋許順流直下並於磧口茅津渡設卡派員嚴行巡緝嘉慶八年又於茅津渡下游各要隘添設巡卡究之鹽法弛廢防緝難周私渡之弊實不能免當時湖北襄鄖等處私鹽充斥淮綱滯銷漢口水販觀望不前長蘆行豫引地滯銷亦失蘆淮大局幾致破壞山於河東輕議歸丁也又按復商以後鹽務漸疲道光元年議者又以改歸地丁為請諭旨謂歸丁在晉省原屬甚利而長蘆兩淮引地均受私鹽之累不便輕議更張道光二三十六年復有以歸丁為請者諭令山西巡撫體察情形妥議具奏尋奏言乾隆年間省鹽課攤入地丁僅係晉省主議並未咨商各省以致蘆淮官綱大礙當日草率立案本未周妥以今日山西情形論之撥入地丁不敢輕議疏入報可事以中止案附著於此庶以乾隆年間改歸地丁其情事亦足證焉然河東行豫各地處處與蘆淮接壤實難周察嘉慶十一年以蘆淮兩綱引滯課絀不得不統籌全局改復商運清會典云嘉慶十一年奏准河東鹽課歸入地丁以徵課浸灌鄰界仍應改還商運按課歸地丁鹽無引課人人得以販運官亦無從稽查兼之蒙鹽水陸並運亦無限制蘆淮引綱大有礙歷年以來設法堵緝無益於事至是因有規復舊制之議河東舊行額引四十二萬六千九百四十七道餘引二十四萬道復商案內除山西曲沃等四州縣額引四萬五千六百四十五道不食河東鹽劃歸山西藩司承領即今所謂十陽曲引也又引河南沁陽桐柏二縣向行河東額引四千六十七道餘引一萬一千八百道代銷引一百五十四道共一萬六千二十三引於是年撥歸兩淮行銷引額較前稍有參差自嘉慶十二年為始改復商運蓋課歸地丁者凡十五年又按沁陽桐柏二縣鹽引於嘉慶十二年仍歸河東派商承辦仍設鹽務各官由河東道兼管清會典載嘉慶十二年山西復設鹽務各官諭以運司無庸復設即由河東兵備道兼辦鹽法事務遂為定制按是年設立鹽官凡經歷庫大使及三場大使皆仍舊例惟運同未

設改設河東監製同知一員但歸丁既久整理非易商運雖復賠累尚多嘉慶十五年議定調劑每鹽一觔加銀五釐二毫清會典載嘉慶十五年奏准山陝河南三省自十五年為始照乾隆五十五年以前原價每觔加銀五釐二毫作為河東定價調劑甫施又以南河大工籌備經費每觔增銀一釐謂之河工加價歲增徵銀一十四萬三千餘兩清會典載嘉慶十五年奏准於例價之外每觔增銀一釐按引徵收以濟河工經費河工告竣即行停止十六年將興安府屬改食花馬池鹽照鳳翔例領引攤課所有公務官錢等銀一體免徵歲減一千六百餘兩詳見後陝甘沿革篇十七年吉蘭泰鹽停止運銷將原定額引撥入河東均搭配運謂之活引徵收課款照餘引例歲增徵銀八萬九千餘兩按先是嘉慶十一年復商案內擬定蒙鹽行銷地界將山西口外各廳大同朔平兩府暨陽曲等四十四州縣並陝西神木府谷八州縣作為吉蘭泰鹽引地招商領辦歲定引額八萬七千五百道至是停運吉鹽撥歸河東謂之吉蘭泰活引活引者緣河東引地暢滯不一因地制宜通融辦理按暢銷地方均勻搭配故曰活引徵納課項比照餘引之例故亦謂之餘引然應完課項年清年款名為活引實與額引無異清會典載嘉慶十七年奏准河東新增吉鹽裁改餘引每年額徵課務銀六萬三千五百八十八兩另加公費銀四千三百七十五兩公費平餘銀一百九兩三錢零河工經費銀二萬一千兩共銀八萬九千七十二兩有奇自是歲領引額共七十萬八千八百零二道應徵課務加價統計七十一萬七千六百餘兩按是時山陝河南三省實行商引山西臨汾等處四十四州縣額引代銷引十七萬六千七百五十九道餘引一萬九千七百七十五道陝西咸寧等處三十四廳州縣額引代銷引十萬一千二百八十九道餘引五萬八

千五百三十二道河南洛陽等處三十二州縣額引代銷引八萬九百三十七道餘引十五萬九千五十三道共為五十三萬六千三百四十五引均係商運商銷其吉鹽改增活引八萬七千五百道山運商均領不定引地陝西鳳興邠屬鹽稅引二萬四千九百五十七道合計領引七十萬八千八百零二道此當日之引額也三省每年應徵課務銀兩四十八萬五千四百七十兩零七錢有奇河工加價十四萬三千一百二十二兩八錢活引課務及河工加價八萬九千七十二兩三錢有奇合計每年共應徵銀七十一萬七千六百六十五兩八錢有奇至陝西鳳興邠三府州屬鹽稅銀共一萬零八兩三錢有奇此當日之課額也

課額日增商累日重至嘉慶二十四年將河南一省改為商運民銷於陝州會興鎮設立總岸分路發販每鹽一觔定例收價一分七釐

按河南引地向歸商銷嘉慶二十四年以道遠運艱較之山陝成本尤重改為商運民銷舊制閿鄉靈寶盧氏內鄉四縣由靈寶口岸運發其陝州洛陽等二十八州縣由會興鎮口岸運發靈寶會興東西相距僅九十餘里因於會興鎮設立總岸統歸一處其靈寶口岸運道及閿鄉孟津等縣水運概行禁絕以杜越私商人運鹽至會興鎮每名成本需銀五百零九兩三錢七分六釐加攤唐裕歸公銀九兩按合鹽價酌定每觔發價收銀一分七釐每銀一兩合算制錢一千民販售賣祇許在三十二州縣之內不得任意侵越致妨礙淮綱地但引由商領課由商納民販銷鹽並無引據另設委員駐會興鎮發給戳記蓋用照票給予民販凡銷鹽地方在四百里內者以半月為期八百里內者以一月為期逾限照私鹽論銷竣之後將鹽觔在某州縣行銷註明票內呈繳委員查銷凡十引以上者限三個月繳銷一名以上者限六個月繳銷另給新票循環運售民販買鹽原聽其便並不拘定何商惟恐各商圖利或有減價增秤等弊令行商公舉一二人名曰公直凡民販買鹽按引均勻發售毋許偏枯仍由委員不時稽察此其辦法之大概也道光六年將河東鹽經歷移駐會興鎮改令兼管批驗豫引查照民販運鹽數目委員之例因以裁撤

山陝二省每引加鹽十觔免其加課

按是年山陝酌加耗鹽河南未經議加

及雖河南改歸民銷商運固未嘗廢同屬一區辦理兩歧當時立法不能劃一已可概見

一則變通運銷一則酌加耗鹽雖因地制宜量爲補救而商累已深終無起色至道光八年河南遂有設廠分運增添鹽價之議

道光八年河南因鹽價增貴於河南南陽汝州三府州各設分廠將年銷鹽觔運廠發售並將商銷原價每觔加錢二文俾資貼補究之陸運維艱雖議加價無補於商轉增民累故道光九年裁撤分廠仍照舊例蓋行之僅一年耳

時値蒲灘私鹽侵礙官引道光十一二年禁止澆鹽令其墾種並由商人代完糧賦資給津貼而私鹽究不能免

清會典載道光十二年諭山西蒲灘自上年查禁私曬鹽引已形暢銷現據商人呈願捐輸永遠代賦津貼以商力之有餘濟小民之生計准照所議此蒲灘封禁所由始也蒲灘在蒲州城外本係河灘嘉慶十四年黃河西徙兩灘地畝盡成硝鹻不能耕種滷氣日旺居民因而刮鹻淋滷私曬益多其法先期掃土成堆下開池口淋滷入池烈日蒸曬即生鹽花灘地長約百里廣或數里至數十里不等東過中條山麓西臨黃河地界三省均無關闌易於運私實爲河東肘腋之患道光十一年查明南灘常旺夏陽獨頭三村北灘十里店城莊招德等村滷氣最厚嚴禁私曬又以斥鹵之地頗多貧民生計所關尤宜籌畫欲禁私曬必須令其墾種變易滷性使不能成鹽乃將兩灘地畝應完糧賦五百四十三兩零准予豁除俟其墾復再行升科並給墾地經費在商捐銷價生息項下動用九千一百五十兩零按各村之情狀貧民之極次分別資給由永濟縣依戶散放名曰蒲灘津貼如仍私曬按法懲辦道光十二年定例兩灘糧賦及津貼銀兩均由商人捐繳其後增給津貼三千八百餘兩共爲一萬三千兩然灘地廣濶防範難周私曬之弊實未能絕河東私鹽蒲灘爲最

故又値鹽池被水產鹽不旺池價漸增銀價亦貴以錢易銀輒多虧折

按自道光十五年鹽池遭水產額漸減價格增漲兼之銀價日貴從前每銀一兩易錢一千是時每兩貴至二千餘文商人買鹽賣鹽皆以錢計納課則

以銀計交課一兩足抵二兩有餘定例八十名爲一籤承辦半籤引地者每年需賠四五千兩承辦一籤引地者其賠累又倍之更値兩淮改票鹽佔大賤倒灌河東豫引銷滯按河東之鹽向侵淮岸故南陽一府銷路頗暢自道光十一年兩淮改行票鹽鹽價大跌南陽各屬例如唐縣鄧州新野淅川等處鄰近楚省泌陽等處鄰近確遂多被淮鹽倒灌受病之原有加無已而官吏浮費復占歲課之半商力幾何安得不困河東當雍正初裁革陋規歷時既久又蹈舊轍迨復商後迄道光間規費繁多每商名下由一千二三百兩至三四千兩不等統計每年公私浮費爲數甚鉅而應攤尚在其外道光二十四年改招短商將吉鹽活引減去一半道光三十年又改長商將河工經費減去二成似此竭力調劑商困仍屬難除河東自乾隆間改定短商行之未久百弊叢生乾隆四十七年復爲長商是則短商難行已有明證道光二十四年又因長商不支改行短商定爲三年試辦甫及六載已更八十餘商更換之際舊商祇圖脫身隨意舉報被舉富戶多方規避或賠累勉充或挾貲遠避一商告退通省騷然至有賄緣官吏賄求脫卸官吏不肖者因以恣行婪索鹽務之弊較前更甚故道光三十年又議改爲長商也活引之設原係吉岸停止顧全課額加入河東引地搭配分銷道光二十四年以銀價昂貴各商疲乏活引積滯部議准停一半三年爲限其河工經費原議南河竣工即當停徵道光元年蘆東兩淮等處陸續停止惟河東照舊輸納本屬偏枯道光十一年始將河工加價一釐改徵制錢一文零共計得錢十六萬餘串折銀交納減爲十二萬餘兩道光三十年銀價益貴按照時估每銀一兩定爲制錢二千文解銀十萬餘兩比較原數又減二萬餘兩夫吉鹽活引應免而未免河工經費應停而未停徒使商人增累累之既深雖議停議減庸有濟耶蓋自復商以來迄道光末四十餘年河東鹽務日趨於下商情疲乏莫可支持推論弊源夫豈一朝夕之故哉

咸豐二年以鹽務疲累由於籤商籤商不除弊終難革議倣兩淮改行票法仍歸舊商運領定爲先課後鹽河東鹽務自乾隆間始有籤商久之又變爲舉報舉報之初官吏視爲魚肉告充之後夥販朘其脂膏故定長商則苦於誅求定短商則慮其規避百餘年來弊莫可詰道光三十年改定長商一酌裁浮費減輕成本設法整理而商困仍無起色咸豐元年派員查辦以籤商之弊一日不除則鹺綱一日不振議准倣照兩淮票法稍加變通留商改票先課後鹽從前保商籤商一切弊端永遠禁革蓋引有專商票無定販必須先課後鹽而後引目雖改不致虛懸課項有常無虧短絀也凡商人領票按照原額引數限期封課掣鹽配運咸豐二年改引行票定例由現商領票招販納課掣鹽按照原定引額限期請票配掣截角悉依舊例每年應完票課自二月起至九月止責令掃數全完鹽由商人自運或發販轉運均聽其便遇有引地滯銷亦許商販運赴暢銷地方售賣分立口岸各行各票河東舊例三省運鹽山西由解州安邑運城三處分別轉運陝西由臨晉縣之夾馬口永濟縣之下馬口兩處渡河匯集於華陰縣三河口河南由平陸縣茅津渡河匯集於陝州會興鎮嘉慶二十四年河南改爲商運民銷在會興鎮設立總岸商民稱便改票之時除河南會興鎮照舊設岸陝西運鹽即於三河口設立總岸其山西四十四州縣山路崎嶇運腳繁重均於適中地方酌設總岸平陽霍絳三府州屬設於聞喜縣小郭店潞安府屬及平陽府屬之岳陽縣設於洪洞縣曲亭鎮至近池蒲解兩府州屬則於安邑運城兩處立岸以浮費之多也查出規例銀二十六萬餘兩廳攤銀七萬餘兩全行裁禁另籌辦公經費每引攤銀七分河東浮費有規例有廳攤規例者鹽行三省各地官署公私浮費歲有常例嚴計通綱約共二十六萬餘兩幾及歲課之半道光三十年議裁十分之四改票時例全行裁革無論何項名目不准再有絲毫勒索廳攤者運城爲鹽務總匯之地舊設商廳置有綱總一切公用攤派散商歸其經理嗣因把持漁利乾隆年間將綱總名目革去另立綱值年司季

各商輪流辦公而廳攤之弊固未嘗除每年攤派不下六七萬兩至是改引爲票始將商廳裁撤責成河東道監掣同知從新整頓不准再有廳攤自此浮費盡裁然督徵巡緝監掣稽查以及解餉津貼營兵薪水各項在在需費向皆取之於規例廳攤若不籌備的款則查辦公無資議准按引均攤每引攤銀七分有奇隨同正課交納每年約共攤銀五萬三千三百餘兩分別款目覈實支銷以成本之重也申明舊章凡坐商畦地嚴禁私租核定池價白鹽至貴每名不得過六十兩青鹽不得過四十兩減省銷價每名收銀六兩河東舊例坐商畦地無力澆曬准其呈明或租於運商或租於同畦夥商蓋以運商承辦引地夥商本係同業租典無妨嗣因市棍串通賃畦收曬遂致池價日貴乾隆四十七年兩次嚴禁私租犯者鹽入官人坐罪積久法弛私租之弊更甚於前夥租者按年輪曬把持誤公先租曬者盜挖鹽根屯私肥己池價增昂實由於此至是申明例禁坐商畦地無論租賃仍歸運商及同畦夥商不准市棍承買承佃以杜流弊從前池價每名不過四五十兩或六七十兩是時每名賣至一百餘兩坐商擡價居奇運商深受其累酌中定價白鹽至貴不得過六十兩青鹽至貴不得過四十兩由河東道商隨時查察如有任意昂價按法懲辦又以銷價一項原在池價之外從前每名出銷價銀二十四兩後減十分之三每名出銀十六兩八錢然坐商畦錠多半轉典運商仍出無名之費道光三十年議定裁免又緣鹽池歲修舊有坐商捐銀五千兩例由銷價扣納未便盡裁擬減十分之三每名收銷價銀十一兩七錢六分至是由每名定爲六兩自此池價至貴每引不過五錢銷價每引僅銀五分並將潞澤節省倣唐裕歸公例均入山西通綱按引分攤潞澤節省銀兩本非正課與唐裕歸公無異嘉慶二十四年唐裕歸公攤入豫引通綱封納至是將潞澤節省銀二萬兩亦倣其例改歸山西通綱分攤每引攤銀九分有奇河南每引比照山陝加鹽十觔俾歸一律嘉慶二十四年調劑案內山陝每引加鹽十觔河南未加每名祇得二萬八千八百觔至是始將河南照山陝例每引加鹽十觔

（免其加課三省鹽觔乃歸劃一）浮費已裁成本減輕每綱歲可省銀七十餘萬商情悅服願將停半活引及二成河工照舊完納（河東運商受病之原不在承充之久暫而在賠累之過多嘉慶十一年復商以來定爲長商者垂四十年及道光二十四年後屢行更改調停於長商短商之間至是統籌全局酌立新章行票法以革浮費定池價以輕鹽本分口岸以減運脚綜其大要主在留商改票先課後鹽似此變通凡一籤之商省官吏浮費銀歲可二千餘兩池價運脚等費亦數千兩約計全綱每年裁省約共七十餘萬兩向之賠累者不致仍前竭蹶商人情願將奏停一半活引四萬三千七百五十道一併改票勻銷交課奏減河工經費二萬餘兩照舊完納核計成本山西河南每票約銀一兩六錢至一兩七錢零陝西每票約銀一兩五錢至一兩六錢零）然鹽務關鍵首重緝私河東銷區周圍二萬餘里東接長蘆南界兩淮西鄰花馬池北有蒙鹽土鹽腹地更有灘鹽羣私林立久礙官銷況當改票尤宜堵絕於是酌擇要隘嚴行查緝（河東引地四面受敵其與長蘆交界者以晉岸言之例如襄垣之虒亭驛壺關之大河口黎城之東陽關陵川之甘河古郊口皆係蘆私要險以豫岸言之例如鞏縣之洛口孟津之鐵謝新安之傕口皆係水路要險襄葉裕州則係陸路要險其與兩淮交界者以豫岸言之例如泌陽之沙河口桐柏之毛家集唐縣之蒼臺鄧州之張店浙川之荊紫關皆係淮私要險其與花馬池交界者以陝岸言之例如韓郃同之耀乾永等處接連鄜邠鳳而乾耀兩路尤係花私要險至於蒙鹽以水運爲大宗例如臨縣之磧口鎮吉州之龍王廸皆係蒙私要險土鹽以汾沁爲最近而靈石一縣尤係土私要險凡此之類均屬鄰私其腹地私鹽則有灘私灘私之害莫甚於山西蒲灘而陝西鹵泊蒲城等灘次之鹵泊灘者唐時所謂鹵池也界於富平蒲城之間今隸富平者曰鹵泊灘隸蒲城者曰安豐灘蒲城所屬又有陳莊灘荮王灘高春灘總曰蒲城灘與鹵泊灘統爲東西灘東灘主曬西灘主煎浸灌所及充斥於渭河南北自藍田維南旁溢於豫岸

而渭南一縣尤係要隘山西各灘蒲灘以外又有五姓湖灘在臨永虞鄉三縣之境汾河灘在臨汾縣境羊獬灘在洪洞縣境附近場區者又有硝池灘六小池凡此之類均屬硝私改票之際以鹽務關鍵首重緝私酌擇要隘設卡堵絕由三省會同嚴行查禁復以緝私之法必先禁絕場私河東坐商向有大賣小賣之號計堆計擔之名或刮收於未成料之先或預將新鹽夾積成料之內種種弊端莫可究詰斗級巡役多串私之人環池村莊多窩私之地縱令築有禁垣仍須實力巡防議定責成河東道督率場員凡盤鹽歸料詳細丈量並飭坐商出具十家連環保結一家漏私九家舉首徇隱連坐開場放鹽則由巡檢督率弓兵按段巡緝如有徇縱串通照例究辦

似此變通果能實力進行河東鹽務宜有起色無如規畫甫定議者又以捐免充商爲請戶部急於籌餉遽行覆准而事勢變矣

按籤商之例惟行於河東福建兩區皆以商本薄弱及其弊也每籤一商地方官擇殷實之家肆意婪索咸豐元年戶部侍郎王慶雲閩人也深悉其弊以閩商疲困疏請富戶不願充商准其捐免上戶捐銀三萬兩中戶二萬兩給予戶部以山東司郎中主事職銜永免籤舉此捐免之說所由始也夫強迫富戶充當鹽商令以有限之家資致貽無窮之賠累本非政體迨後富戶旣視鹽商爲畏途則又創爲捐免之例尤非政體矣然當日閩商捐者已屬寥寥咸豐三年大學士祁寯藻晉人也復以河東商人疲困援例疏請捐免惟時殷商九十餘家共書捐銀三百萬兩蓋河東鹽商每致破產祇圖脫身又値銀價昂貴領運半籤約需賠銀三四千兩或五六千兩故各商無不竭力報捐今考當時戶部議奏有云現在運商准其一律捐免原不僅爲晉省商人誠欲得數百萬鉅資藉助軍餉此後鹽務亦必從長計議求一經久之方是則免商之際其於鹽務尙無確定計畫不過假以籌款耳又按乾隆年間報効例開蘆東淮浙鹽商捐款每次輒數十百萬河東惟道光七年回疆不靖始捐二十萬兩隨同正課繳納解交甘肅撥用此亦商捐之先例附著於此以備證焉

商既捐免停票復引山陝改爲官運官銷河南改爲官運民銷官運官銷者由各州縣

領引辦運官運民銷者由河東道派員運鹽發販售賣河東官辦蓋始於此河東舊例山陝兩省向係商運商銷河南一省自嘉慶末定為商運民銷銷鹽之法雖不相同其為商運則一至是商既捐免無商領運將山陝改為官運官銷由行鹽各州縣自行辦運納課銷於本屬蓋倣山東德州等二十州縣官辦之例河南改為官運民銷由河東道遴委專員運赴會興鎮發交民販銷售緣河南民銷相沿已久故雖改官運仍舊民銷蓋亦倣山東商邱等州縣官運之例加以變通也[九]領運之初各需運本動支銷價生息本銀酌量借給河東舊例額引有銷價餘引無銷價自課歸地丁民販就池買鹽仍舊扣出銷價除應歸坐商外餘銀一律充公復商以後庫存銷價陸續發給商人借領共銀二十九萬四千兩按年繳息謂之銷價生息至是改行官運因於銷價本銀內發交山陝州縣以為運本各按引額之數目酌借運本之多寡其河南官運一並借給時各商新捐鉅款尚須分限呈繳若令遞交銷價本銀力有未逮另由商捐項下撥借酌定年限解還借本如有虧短比照侵蝕地丁例嚴行參追將河工活引節省歸公等項概行刪除按河工經費本係應停之款吉鹽活引亦非定額至潞澤節省唐裕歸公則係雍正年間商人所得餘利按年捐繳其後照引均攤已非餘利可比總此四項每年約計二十七萬餘兩商力因以疲累雖河工活引不無停減而商累究未能免至是改歸官運無商可賠始行刪除訂立稅則就池徵收每鹽一觔徵銀四釐每引一名共徵一百二十兩劃分正課銀五十兩雜課銀五十五兩公費銀十五兩覈計三省實行引數不分額餘名目總為四千九百九十八名七十九引歲共應徵五十九萬九千八百三十九兩就場徵課蓋始於此清會典載咸豐四年覆准河東改為官運就池收稅每鹽一觔收稅四釐每名三萬觔收稅銀一百二十兩此就場徵稅所由始也河東每引定例二百五十

觔每名一百二十引每觔徵稅四釐每引合銀一兩以四錢一分六釐六毫零作為正課以四錢五分八釐三毫零作為雜課以一錢二分五釐作為辦公經費一名之引徵銀一百二十兩合正課銀五十兩雜課銀五十五兩公費銀十五兩自是遂為定制當時改行官運核計三省額引三十五萬八千九百八十五道餘引二十三萬七千三百六十道共五十九萬六千三百四十五引合四千九百六十九名零六十五引又岢嵐等十三州縣鹽稅引三千四百九十四道合二十九名一十四引向歸吉鹽活引之內活引已停匀入山西行鹽州縣通融代銷共成額引五十九萬九千八百三十九道不分額餘引目每引徵稅一兩共收稅銀五十九萬九千八百三十九兩內除七萬四千九百七十九兩八錢七分五釐劃歸公費外正雜課額共五十二萬四千八百五十九兩一錢二分五釐

所有場鹽池價銷地賣價均照時估毋庸限制

河東池鹽舊係運商自向坐商議價因產額之豐歉為價值之漲落嗣以坐商擡價道光三十年始有定價之例咸豐二年議行票鹽又復酌中定價然河東坐商無力者多鹽產豐歉歲有不同豐收則本輕價賤歉收則本重價貴若限以定價一遇歉收轉致不敷工本至是就池收稅池鹽價值准其按照豐歉年歲隨為漲落但自鹽每名至貴六十兩青鹽至貴四十兩仍不許過其數若銷地賣價視乎運本按道里之遠近為價值之多寡河東鹽價自乾隆十年始有定價之例然私鹽充斥官不敵私定價亦為虛設至是以行官運卽與票鹽無異令各州縣及委員各就地方情形成本輕重酌定價值毋庸限制但不許有擡價短秤等弊由此定價例廢故現今河東有市價而無例價

銷價銀兩按引攤納每引攤銀二分七釐八毫零

咸豐二年定例銷價每名給銀六兩至是減為每引攤銀二分七釐八毫有奇每名共攤三兩三錢四分六釐隨課交納歲共銷價銀一萬六千七百三十一兩年終由坐商請領其後靈寶加引不收此項自光緒八年以鹽務疲之收不足額按半給發餘銀撥補書院膏火後又改為學堂經費

又議開曬蒲灘抵補河工各款皆咸豐四年事也

蒲州灘私為河東切近之患自道光十二年嚴行封禁並籌津貼給為灘民生計至是以刪除河工等項

二十七萬餘兩全歸無著戶部奏言蒲灘每滷氣日旺民間偷曬未能盡免與其名爲封禁徒費津貼不如令其開曬藉收稅銀每年津貼銀一萬三千餘兩既可節省而豁除之河工經費等項亦可抵補此其立意主在化私爲官究之禁例一開弊多利少故行之未久仍舊封禁嗣以官本不敷河南則兼行民運陝西則改歸地丁皆咸豐五年事也咸豐六年陝西又以歸丁之法窒礙難行倣照河南於官運外酌參民運按咸豐四年變通鹽法廢除商運山陝定爲官運於官銷河南定爲官運民銷嗣因籌本不充河南一省於官運外參行民運辦理章程仍同官運一律惟不給本陝西一省援照乾隆年間成案將鹽課攤入地丁但課隨糧納多寡懸殊凡糧少之處尚能按限催交糧多之處亦加重即如蒲城富平二縣照引攤課僅祗五千三百餘兩照糧攤課蒲城應納一萬一千二百餘兩富平應納九千三百餘兩數增一倍窒礙難行且以陝西引額計之應徵正雜課項公費銷價共銀十六萬八千一百三十九兩零攤入地丁僅徵十二萬一千三百四十四兩零不敷銀數四萬六千七百九十五兩合鹽三百七十名有奇議歸晉省勻銷每勳貼銀二釐每名貼銀六十兩以補陝省之不足似此通籌補救然以陝省鹽課勻入晉省辦法已不能平故至咸豐六年亦倣河南之例改爲官民並運蓋兩年以內凡三變法自是陝西河南官民並運以一成歸官以二成歸民其歸民者謂之民販截角以後無論何地任聽販運惟山西一省官運官銷名爲官辦實則招商代運者居其多數按河東免商以來陝豫官民並運官則按引分派民則配籤之聽掣凡民運者名曰民販無論何人先行封課皆可運鹽截角之後無論何處皆可行銷運無定人銷無定地與就場一稅不問所之大致相同河南仍舊於茅津渡委員驗票會興鎮委員截角陝西則於夾馬口下馬口二處委員驗票於三河口設立總局委員截角當試辦之初領辦者少酌撥陝豫引九百餘名由運城鹽務人員領運每名借發銷價銀三十兩作爲運本應徵課款准於銷後封繳

此在當日固屬設法提倡然鹽引暢銷每引一名約售三百餘兩除交課外尚可獲利二百餘兩以鹽務人員致與民販爭利蓋其弊也至山西各州縣官運官銷有自行領辦者有招商代辦者代辦之人名曰運夥實與包販無異久之官商皆視爲利藪營謀勸索浮費寖重莫不取償於民又其弊也時值東南不靖粵匪盤據於金陵梗塞江道淮引不行捻匪嘯聚於曹亳出沒豫疆蘆鹽亦滯故河東之鹽得以暢銷添設靈寶口岸加引三百名增課費銀三萬六千兩按咸豐二三年間粵匪自永安竄擾道州隨陷武漢順流東下襲據金陵長江航路節節梗塞兩淮綱鹽片引不行咸豐三四年間捻匪滋事嘯聚於山東之曹州安徽之潁亳出沒飄忽屢擾豫疆蘆鹽亦以滯銷十餘年來河東鹽引銷行甚暢直達楚北故添設靈寶口岸清會典載咸豐五年覆准靈寶縣於河東額引外加增鹽票招商領運以三百名爲率每年徵正課銀一萬五千兩雜課銀一萬六千五百兩公費銀四千五百兩另案奏銷蓋靈寶縣城南面依山北面臨河南山一帶緊接盧氏商南爲通達秦楚要路又其居民食鹽向赴會與鎮運買相距百餘里山徑崎嶇苦於遠涉民間往往就黃河兩岸偷買私鹽是時正值豫引暢行因添靈寶口岸照陝西例用票不用引非徒擴充銷路兼可移官就私迨至咸豐七年始將加票改領部引咸豐九年十年間天津海防預籌經費先後加引六百名增課費銀七萬二千兩按咸豐八年津海設防經費需款直隸總督疏請河東加觔加價至九年部議擬將河東歲銷額鹽每觔加價一文陝豫每名加配餘鹽八九百觔經山西巡撫體察情形山西行鹽各州縣運腳既重鹽價較昂未便加價陝岸本非暢銷之所豫岸暢滯不齊亦均未便各加觔因另加引三百三十名至十年續加二百七十名共加六百名每名課費一百二十兩計共增銀七萬二千兩定例每年解津五萬兩餘銀留備本省防堵經費又以銷路尚暢續加活引五百名計增課費銀六萬兩活引者所以濟額引之不足猶餘引也自咸豐十一年爲始至同治二年即行

停辦蓋活引之設僅祇兩年部議河東鹽課有增無減於是酌加羨餘約共加銀四萬五千餘兩咸豐九年戶部以河東鹽引暢行歷年鹽課有增無減議照川省抽收鹽釐經山西巡撫覆議川鹽多係水運需費較輕故於正課外可獲餘利河東鹽多陸運需費較重每名除徵納課費一百二十兩而池價運腳約銀二百兩販戶行運三省道途遠近不一所得餘利每名不過十餘兩至三十餘兩比之川鹽獲利迴殊舉辦抽釐未免窒礙因於額引每名加徵羨餘五兩新增引每名加徵羨餘十五兩歲共增羨餘銀四萬五千四百九十三兩有奇故河東無鹽釐名目惟陝西一省自咸豐八年奏定抽釐濟餉初章同百貨一律按照貨價每兩抽銀四釐五毫同治六年改定章程每鹽百觔抽銀一錢五分嗣以加釐過重減爲每百觔抽銀五分又因鹽引滯銷核減四分僅抽銀一分旋復定爲二分計入境卸載兩項每百觔共抽四分先由陝省設卡抽收後歸河東隨課徵解及光緒二十八年賠款加價乃將陝引鹽釐併入加價之內鹽釐名目遂以停止另加引費陝西河南每名徵銀六十兩山西分爲三等上等每名徵銀四十兩中等每名三十二兩下等每名二十八兩約共加銀三十三萬九千餘兩咸豐十年御史辥書堂疏言河東鹽引歷年暢銷自七八九年以來鹽價昂貴餘利較多此項鹽利亟應變通歸公請就原引酌加課銀或於例引外量加引數經山西巡撫覆議加徵引費陝豫兩省每名酌徵銀六十兩陝西額引一千三百三十一名一百一引共應徵銀七萬九千九百一十兩五錢河南額引一千九百九十名一百十引共應徵銀十一萬九千四百五十五兩山西一省分爲三等上等長治等八州縣額引五百名二十六引每名四十兩共應徵銀二萬零八兩六錢六分有奇中等長子等十九州縣額引七百五十六名三十引每名三十二兩共應徵銀二萬四千二百兩下等絳州等十七州縣額引四百一十名五十二引每名二十八兩共應徵銀一萬一千四百九十二兩一錢三分有奇其靈寶加引及新增活引合一千四百名每名照陝豫例共應徵銀八萬四千兩統計加徵引費總爲三十三萬九千六十

六兩有奇課項日增歲可得銀一百餘萬河東鹽務稱爲極盛雖就場徵稅未嘗無先課之效然非淮蘆滯銷則河東鹽引末由暢行斯又事勢使然矣按咸豐二年改引行票定爲先課後鹽裁商以來改票復引就池徵收仍與先課無異陝豫兩省參行民運亦與票鹽無異額定引課歲入不過六十萬兩緣值軍興之際淮蘆兩綱運道梗阻河東之鹽溢銷於楚豫直隸諸境暢旺倍常加引加費加徵羨餘據同治元年奏銷歲入增至一百一萬三千餘兩撥解餉需實屬大宗蓋自咸豐五年迄同治初六七年間河東鹽務固爲極盛時代

同治初粵捻各匪竄擾河南復値陝回滋事片引不銷因將活引五百名暫行停辦按豫省東境毗連潁亳爲捻匪出沒之區咸豐八九年間每於春仲秋季出巢擄掠開歸陳許適當其衝同治元年陝州南汝等處亦受其害加以粵匪之竄擾豫岸引地節節梗塞又値陝省西同兩屬回匪滋事陝岸片引不行銷數始滯同治二年部議准將最後增加活引五百名暫行緩辦其餘六百名仍令實力疏銷

同治三年金陵克復長江上下航路疏通楚省鹽務重整淮綱河東之鹽不能越境同治四年更將加引六百名一律停辦並將陝豫兩省新加引費每名酌減三十兩按自咸豐三年粵匪滋擾淮鹽阻滯淮其借運河東故河東之鹽得以遠行湖北及同治三年粵匪削平淮鹽路通楚岸淮綱漸次規復河東之鹽不能運往雖樊城一處尚可發售銷數已少至鄖陽地方亦以鹽釐增重商販不前鹽引銷路日益壅滯加引加費本因暢銷而增自應因滯銷而減同治四年部議准將咸豐九年十年加引六百名一併停止其咸豐十年所加引費惟陝豫及靈寶引每名六十兩酌減五成計陝西減去三萬九千九百五十五兩二錢五分河南減去五萬九千七百二十七兩五錢

靈寶引減去九千兩共減十萬八千六百八十餘兩緣陝豫被匪故將加費減半若山西則係完善之區未曾議減加引既停歲行原額及靈寶引共爲五千二百九十八名七十九引當時捻匪未靖豫引猶行蘆岸甘回搆禍陝引溢銷西路每年課款雖不敷額計尚徵銀七十六萬餘兩同治五年將加引一千一百名概行停止所有原定額引五十九萬九千八百三十九道靈寶加引三萬六千道合爲五千二百九十八名七十九引應徵課費銀六十三萬五千八百三十九兩應徵加費銀山西仍舊五萬五千七百兩零七錢九分有奇陝豫及靈寶引減半徵收爲十萬八千六百八十二兩七錢五分有奇應徵羨餘銀二萬九千四百九十三兩有奇共應徵銀八十二萬九千七百一十五兩六錢有奇其時甘回肇禍花馬池鹽絕跡於西路捻匪未平北路蘆鹽亦滯河東鹽引雖暢銷不及從前然每年課入徵銀七十六萬一千七百餘兩比較應徵額數所差無幾猶能依限奏銷撥解西征餉需仍爲大宗同治六年捻匪始平同治十年回匪亦定蘆鹽及花馬池鹽行銷如舊而襄城郟縣等處且有蘆鹽浸灌鹽引日壅課款日絀同治六年捻匪肅清蘆鹽暢銷侵及河東引地清會典載同治八年諭河東行引各州縣被蘆鹽越境浸灌以致豫引滯銷封課不旺亟應設法疏通實力查緝如有長蘆商鹽天津紅鹽及汴梁小鹽入境照私販例從重懲辦九年又諭河東豫引積滯因蘆紅小土各鹽侵銷所致且唐縣等處近復私抽釐金遂致成本愈重河東每年向有津貼河南銀二萬兩不應再抽鹽釐著嚴禁各府州縣毋許違章抽收並飭行銷河東引鹽之各地方官認眞巡緝私鹽然長蘆鹽價賤於河東禁令雖嚴越私實未能免迨同治十年甘肅回匪蕩平花馬池鹽依舊行銷陝引銷數遂亦疲滯洎光緒初積引二千餘名短課三十餘萬兩議疏陳引分年帶銷河東鹽引向無帶銷之例自同治七年以後鹽引日滯積至光緒二年賸存之引乃有二千餘名若先銷陳引則新引開綱較

遲專顧新引則陳引掃數無日因將積引分作兩年帶銷此帶銷所由始也自是相沿每綱皆有存引光緒五年議免靈寶加引並將三年省帶額引分別酌減山西暫減四百名陝西二百名河南三百名事不果行遂致積壓鹽引日多一日終清之世帶銷之例未嘗停止蓋引額浮於銷額與其徒有額銷虛名虧短課項何如酌減引目年清年款而當事者拘守成例不知變通斯亦鹽務之弊矣光緒三年行鹽各地同被災祲戶口凋殘銷數大減及光緒六年酌量調劑將加費羨餘概予裁免光緒三年以來河東引地連年荒旱山西一省被災尤重戶口流亡十之六七陝省之西同豫省之河陝亦復凋殘相望大災之後鹽引滯銷不能不量加優恤光緒五年始將山西加費援陝豫例酌減五成上等每名減為二十兩中等十六兩下等十四兩加費本緣暢銷而增銷既不暢費從何出光緒六年因將三省加費一律停免並將羨餘裁除河東鹽課仍如舊額課費等項仍依咸豐五年舊額無如銷路暢滯情形迥殊四年始銷三綱之鹽三年即積一綱之引河東自咸豐四年將額餘引目併而為一咸豐五年又增靈寶引定章之始適值粵捻各匪蹂躪東南淮將蘆引地借運河東故銷路極暢迨後軍務大定淮蘆引地次第規復河東銷路遂滯加以光緒初年迭被災祲引積課絀雖分限帶銷而年年遞積新陳併算核計三綱之鹽已占一綱之引暗中虧課為數甚鉅由此言之鹽務之要重在疏銷銷路暢則收課旺銷路滯則收課歉固不關於就場徵課也奏銷展限年復一年河東奏銷當康熙間鹽引通融以三年為期每屆奏限或挪後補前不拘年分自雍正七年定例於每年六月按年奏銷嘉慶十二年改於每年四月奏銷道光二十四年奏准展限兩月仍於六月奏銷及光緒二十年因引課疲滯又請展至七月自後每屆奏限無不援案展緩展之又展而積壓引數終未截清及光緒二十二年始停展限甫閱三載癸已一綱滯引復有一千六百餘名又定展限一月宣統元年又定展限兩月蓋自光緒二年迄宣統初河東奏銷節年推展鹽務日疲路可證也暗中虧課為數甚鉅應協甘餉批

解不足光緒十二年議由山西藩庫借貲籌墊鹽務疲敝至是巳極河東鹽課支出之款以協解甘餉爲大宗三省額徵正雜引課每年徵銀五十五萬六千餘兩除留支京部飯食及鹽務各官役養廉工食解餉盤費外淨存銀五十二萬兩撥解甘肅以備餉需光緒十二年未能如數批解由山西藩庫地丁項下按年代籌墊銀十萬兩湊解甘餉及光緒二十八年定例指撥甘餉歲解銀四十八萬兩以陝豫言之所謂民運者世業相承既類鹽商所謂官運者應運鹽引均屬民販有利則趨無利則去滯銷地方遂成懸岸光緒二十年倣兩淮例創辦督銷旋改督銷爲官運官運實行蓋始於此陝西河南自官民並運以來官居其一民居其二迨後民販率皆世業相承仍與鹽商無異而官運之引亦歸民販銷售銷無定地散漫難稽極滯之處運販不前此懸岸所由多也光緒二十年倣兩淮例創設督銷局將所有懸岸招商辦運私甚地方輔以官運於運城設立督銷總局由河東道管理於陝西同州一帶設立陝運分局河南襄城郟葉等縣設立豫運分局在道庫雜款項下籌借本銀六萬兩以二萬作爲陝運官本四萬作爲豫運官本均准先鹽後課限定兩季封陳欠新當初試辦運本難籌不得不從權變通官運實行即始於此旋以陝岸招商認運督銷無效一律官運於二十二年改督銷局爲官運局陝西官運分爲官銷民銷例如西安府屬之咸陽興平醴泉高陵三原涇陽富平同官耀州乾州及所屬之武功永壽定爲官運民銷設轉運局二一在咸陽一在高陵縣雨金屯凡乾永武咸興醴六州縣由咸陽局領售同耀三原涇富六州縣由雨金屯局領售若同州府屬之大茘朝邑郃陽韓城澄城白水蒲城私鹽較甚定爲官運官銷共計十九州縣均在渭河以北渭河以南則屬民運此陝西官運之大略也河南官運六縣皆屬官銷例如河南府屬之鞏縣孟津南陽府屬之葉縣許州屬之襄城汝州屬之郟縣寶豐俱係私鹽充斥之地鞏孟與溫孟二縣相隔一河向爲蘆私浸灌免商後鹽歸民販奸販往往於茅津上下游裝運私鹽至孟津縣屬鐵謝鎮銷賣光緒初年將鞏

孟收回官辦並由水運以杜私弊然運本不充仍須募販代運官運其名民運其實官則按船收費民則藉以夾私嗣以改辦督銷實行官運遏私暢官成效稍著襄葉郟寶四縣東界臨鄢南連舞陽北鄰禹州處處與盧鹽接壤盧私浸入引岸久懸故將襄葉等處並輩孟一律定為官運官銷設立轉運局一在汝州一在宜陽縣韓城鎮其輩孟水運則以鐵謝為總匯之所此又河南官運之大畧也

以山西言之各州縣官並不辦運封課銷引悉由運夥官運其名商運其實歷時既久百弊叢生光緒二十七年倣陝豫例改為官民並運官運之處亦隸總局劃一運制又始於此

河東舊例商運商銷三省制度本屬劃一自嘉慶末河南改為商運民銷運銷之制晉陝相同惟河南獨異自免商後陝西河南官民並運山西官運官銷運銷之制陝豫相同惟山西獨異然山西各州縣名為官運實不自辦率皆招募運夥代為經理運夥者猶福建所謂稞戶閩鹽官幫多由稞戶包辦固與山西運夥同為包商之類官運鹽引既歸商包歷時已久弊竇遂多種種陋規浮費日繁或按季或按年或按任約計每縣數百兩至數千兩不等官以運夥為囊橐運夥恃官為護符同光之際山西鹽務敗壞極矣光緒十年裁革規費酌留州縣津貼謂之緝私經費而私收陋規弊仍不絕及光緒二十七年以山西積弊亟宜整理因倣陝豫例改為官民並運官運地方亦照陝豫改隸總局派員分辦於是歸民運者潞安府屬之長治長子屯留襄垣潞城壺關黎城澤州府屬之鳳臺高平陽城陵川沁水平陽府屬之臨汾吉州洪洞浮山鄉寧岳陽曲沃翼城太平汾西霍州及所屬之趙城絳州及所屬之垣曲絳縣稷山河津凡三十一州縣均為民運民銷於安邑委員驗票曲沃縣險口鎮委員截角歸官運者十三州縣又有官銷民銷之分若蒲州府屬之永濟臨晉虞鄉榮河萬泉猗氏解州及所屬之芮城夏縣絳州屬之聞喜凡十州縣定為民銷若解州所屬安邑一縣池私充斥較甚解州平陸一縣豫引轉運匯集茅津脚戶偷漏私販尤多霍州所屬靈石一縣毗連介孝蒙土各鹽易於浸灌凡此三縣定為官銷通計官運先後共領運本六萬三千兩光緒三十二年復將解州芮城收歸

官銷此山西官運之大略也由是河東行鹽分而爲官運官銷爲官運民銷爲民運民銷大都主在民運輔以官運三省鹽務復歸統一嗣因山西課項封納歉少另於民運更定包繳之例比較陝豫辦課不同斯則改章以後又一變矣光緒二十年陝西河南實行官運輔民運之不及凡私鹽易越之地酌定官運一蓋以杜防私販維持引岸及二十七年山西亦改官民並運於是三省運制歸於統一旋以山西鹽引滯銷封課不足做照蘆鹽祥符等處包額認課將民運地方三十一州縣每年共認引一千名按引包繳課項計課不計鹽謂之包販實即包商自是運有定人課有專責與陝豫散販得以來去自由者情形固不同矣

然其時加價加捐有增無已曰籌餉加價河東自免商後從未加價咸豐九年因天津海防擬加鹽價事未能行僅議加引光緒二十一年中東之役籌備軍餉定例每觔加價四文河南由豫省自收於會興鎮設立加價局及二十七年減收一文每觔爲錢三文每名徵錢九十千文按照豫靈引額共徵二十萬六千九百九十二千五百文每銀一兩以一千三百九十文作爲解數歲徵十四萬八千九百一十九兩六分有奇至山陝兩省則因鹽價昂貴未能按觔加徵定爲隨課捐納自二十二年起每名徵銀二十四兩每引合銀二錢謂之另籌加價計山西引額歲應徵銀四萬零五兩六錢陝西引額歲徵三萬一千九百六十四兩二錢和議既成賠款需費此項加價抵還英德俄法四國借款曰賠款加價賠款一項分爲新舊兩案甲午賠款謂之舊案庚子賠款謂之新案舊案賠款山陝係以籌餉加價撥抵惟陝西一省攤數不足於光緒二十五年始做河南之例自行徵收在三河口設立加價局初議加價二文後於二十七年減收一文按一千五百文折收銀一兩每鹽一名徵銀二十兩按照引額歲應徵銀二萬六千六百三十六兩八錢三分有奇若新案賠款於光緒二十七年定例每觔加二價四文陝西收銀按一千二百文作銀一兩每名折銀一百兩歲應徵銀十三萬三千一百八十四兩一錢六分有奇河南收錢每名一百二十千文歲應徵二十七萬

五千九百九十千文按錢一三九解銀一兩歲徵十九萬八千五百五十三兩九錢五分有奇均由陝豫自行徵收山西則於光緒二十八年始定每觔加價二文並將陝豫鹽引一律加徵按錢一五折銀一兩隨課收納每名合銀四十兩每綱應徵二十一萬一千九百四十六兩三錢二分有奇專備山西攤還賠款之用

曰通行加價光緒三十四年題准抵補土藥稅各省鹽觔通行加價每觔四文以一半解部一半劃歸產銷省分陝豫兩省解部二文及銷鹽省分一文均由各省自解收陝西按錢一二作銀一兩每名折銀七十五兩歲應徵銀九萬九千八百八十八兩一錢二分有奇豫省按錢一三九解銀一兩歲徵十四萬八千九百一十九兩六分有奇晉省解部二文及產銷省分二文按錢一四作銀一兩合零歸整每名折收八十六兩歲應徵銀十四萬三千三百五十三兩四錢其陝豫應歸產鹽省分一文先由兩省代收旋卽撥回隨課徵納每名二十一兩五錢歲共徵銀七萬八千八十二兩八錢四釐

曰鐵路加價鐵路加價一曰洛潼屬於河南每觔加錢三文按錢一五折銀一兩每名收銀六十兩應收一十三萬七千九百九十五兩自光緒三十四年由豫省加價局代收運交洛潼公司一曰同蒲屬於山西每觔加錢二文初歸地方官經收旋復改爲包繳歲以三萬兩爲額民運三十一州縣認繳八成按引千名每名隨課納銀二十六兩六錢六分六釐有奇共銀二萬六千六百六十六兩六錢六分有奇官運十三州縣除解芮安平四州縣鹽銷豫岸不繳加價其十九縣認繳二成共銀三千三百三十三兩三錢三分有奇由河東道稟交同蒲公司至陝西西潼鐵路於光緒三十二年試辦加價每觔加錢二文旋卽停止

此加價之名目也加價之外更有攤捐此項名爲商捐實卽加價變例與各項雜捐不同故列於加價之後

曰海防攤捐光緒十一年籌備海防部議做照兩淮之例按引攤銀作爲常捐每名徵銀十兩每引合銀八分三釐零謂之海防經費三省額引歲應徵銀五萬二千九百八十六兩五錢八分四釐

曰按引攤捐光緒二十五年部議鹽商按年捐輸一次於二十六年定爲隨引徵納每引捐銀五釐每名合銀六錢謂之按引攤捐三省額引歲應徵銀三千一百七十九兩一錢九分五釐

曰償款攤捐

光緒二十七年籌還賠款按引攤納每引捐銀二分每名合銀二兩四錢謂之償款攤捐三省額引歲應徵銀一萬二千七百一十六兩七錢八分此又攤捐之名目也至於雜款雜捐曰官運餘利河東官運均係滯岸餘利多寡歲無定額據冊報提撥餘利分為兩項一曰公費自光緒二十二年起撥解山西撫署公費及鹽道監掣同知公費共銀一萬一千二百兩宣統二年又定提解督辦鹽政處公費二千兩一曰鎊款自光緒二十六年起酌提餘利湊解克薩鎊款宣統元年定例每年提撥二萬兩皆屬餘利項下支出之款曰高等小學堂生息光緒三十年河東創辦高等小學堂初由膌工經費項內提銀八千兩三十三年又由官運餘利項內提銀三千兩先後發交官運局宣統元年又由鹽池歲修項內提銀一萬兩膌工經費項內提銀二萬兩發交包販共發息本銀四萬一千兩按年八釐生息歲收息銀三千二百八十兩曰積穀生息光緒八九兩年由運庫籌銀六千兩發交坐商年息八釐以備積穀後以坐商疲累息本年歸無著每年約收息銀二百餘兩曰堰戶工食生息光緒二十一年由運庫籌銀一千九百兩發交坐商按月一分生息支給堰戶工食歲收息銀二百二十八兩曰團練經費光緒初年河東創辦團練及光緒十一年始籌專款定例每鹽一名坐商捐銀四錢運販捐銀一兩二錢隨課繳納謂之團練經費備支練兵薪餉三十二年添練鹽捕營五百人分駐蒲解一帶以輔運安鹽營之不及所需餉項致形短絀宣統元年復由運販加捐每名收銀二兩每綱共收一萬九千七十五兩一錢七分凡此之類固與加價攤捐均係光緒年間所定新例若坐商畦稅河東鹽畦全係官產雖屬坐商管業不得轉相買賣故更換商名者謂之典畦自嘉慶十二年始行定例凡坐商典置畦地由河東道核驗印契每價一兩納稅三分若中學堂生息咸豐四年由道庫籌銀五千七十餘兩發交坐商按月一分生息備支河東書院膏火光緒二十九年裁撤書院改為中學堂仍以此項息銀撥充經費每年約收銀四百兩若善堂生息善堂生息分為兩款一曰留養局生息始於乾隆年間原發當商息本銀一千二百兩年

息一分後以當商閉欵存息本銀九百六十兩附入粥廠經費項內每年收息一百二十六兩一曰育嬰堂生息始於道光年間原發當商息本銀四千兩年息一分亦以當商閉欵存息本銀二千七百二十兩光緒二十九年續發本銀一千兩年息一分二釐附入池脚備公項內每年收息三百九十二兩

若鹽池歲修

河東當雍正間鹽池歲修例由公務項內提存經費迨後多由坐運兩商按年捐備免商以來於咸豐四年定例專歸坐商分等完繳上等七十一號每號歲捐銀四十二兩二錢九分中等三十六號每號二十四兩下等五十九號每號一十二兩次下等一百七十六號每號四兩六錢最下等七十八號每號一兩七錢每年額收五千五百一十六兩七錢九分及光緒末坐商疲困收數不過五成

若池脚備公

河東舊例散車掣鹽運商付給脚資名曰池脚咸豐四年改章後將池脚銀兩酌量提扣貼補場署公費謂之池脚備公每鹽一名東西兩場扣銀二兩二錢中場二兩一錢均由場官經收解交道署光緒十年改由庫收每綱約收銀一萬一千兩

若三省打帖

咸豐五年河南改行官民並運以會興鎮爲鹽運總岸定例鹽一名捐銀七兩六錢靈寶引一名捐銀九兩一錢二分塡給憑帖一張謂之打帖咸豐六年陝西改行官民並運做照河南之例亦於三河口徵收打帖銀每引一名捐銀八兩均由委員經理光緒十年改歸庫收光緒二十七年山西官民並運做陝西例每名亦收捐銀八兩故曰三省打帖其有晉豫滯引融銷陝岸者每名加收銀六錢六分凡三岸緝私薪費船戶工食以及修造渡鹽船隻悉取資焉按三省額引歲應收銀四萬一千九百二十五兩三錢

若保用提扣

保頭之設凡僱脚押運歸其經理向由運販付給脚用咸豐八年定例提扣保用每鹽一名晉陝扣銀四錢豫靈扣銀七錢三分三釐隨課交納按照引額歲應收銀二千八百八十五兩三錢三分九釐

若牆工經費

同治十二年大修禁牆定例每鹽一名坐運公捐銀二兩謂之牆工經費光緒十一年酌減三成每名收銀一兩四錢每綱應收七千四百一十八兩一錢二分二釐按宣統二年河東水患東西各堰迭出險工議定每名另收堰工經費二兩仍照牆工之例坐商認捐四成運販認捐六成每綱應收一萬五百九十七兩三錢一分七釐堰工修竣卽行停止蓋係臨時

捐款故附著焉若粥廠經費同治五年河東設立粥廠定例每鹽一名隨課收銀三錢由坐運公捐光緒十一年將運販認捐一錢五分酌量裁免坐商仍舊捐繳每綱應收七百九十四兩七錢九分九釐凡此之類皆係嘉道以來相沿舊例款項繁多歲入收數較之原額幾增三倍鹽務情形又一變矣自同治間停辦加引光緒初裁免加費羨餘河東課入歲額不過五十餘萬光緒二十年後加價攤捐合併海防捐費計共五十七萬四千二百三十四兩八錢九分三釐比之原額已增一倍而陝豫兩省自收加價陝岸計二十五萬九千七百零九兩二錢豫岸計四十九萬六千三百九十二兩一錢九分晉豫兩岸又有鐵路加價共十六萬七千九百九十五兩總計九十餘萬比之原額亦將兩倍是則各項價捐加徵銀數幾至三倍而雜款雜捐尚不預焉本重銷滯實原於此由是成本愈重鹽價愈貴河東三岸蘆蒙花土環於外灘硝侵於內官不敵私行銷益滯鹽價之貴賤由於成本之輕重河東行鹽惟陝西水陸並運山西全係陸運河南水運亦祇鞏孟二縣運道既艱成本較重官鹽價貴私鹽乘之河東銷區邊岸則有蘆蒙花土各私腹地則有灘私光緒二十年後官運實行將極滯之岸劃歸官運減價敵私藉資整理並於私盛地方設卡駐紮山西凡設二卡曰三門口在平陸境以阻沿途脚戶偷漏走私也曰陵川設於陵川縣以防蘆私也陝西凡設五卡曰韓郃設於郃陽縣曰同耀設於耀州曰乾武設於乾州皆防花私也曰蒲富設於蒲城縣曰臨渭設於渭南縣皆防灘私也河南凡設三卡曰鞏孟設於鞏縣洛河口曰襄葉設於襄城縣曰南裕設於裕州皆防蘆私也至近場灘私若硝池若蒲灘若五姓湖亦皆派委專員分段巡緝私鹽之害稍稍杜絕加價以來成本增重官貴私賤民間貪圖廉價相率食私而官銷益滯矣矧京漢鐵路軌道告成蘆私侵越甚於從前牘存之引豫引獨多河南引額分配一千九百九十九名一百十引合併靈寶加引三百名共引二十七萬六千七百零十道內民運二千一百名七十三引官運一百九十九名三十七引三省配引

豫引居多豫岸引地處處與蘆鹽接壤蘆鹽每斤納課一釐二毫河東每觔納課三釐五毫課則輕重已差兩倍加價以來蘆鹽加價每觔一文按五百九十二觔繳銀三錢豫引加價每觔一文按二百五十觔收錢折銀二錢有奇復值京漢鐵路軌道交通蘆鹽本輕運便囤積舞陽臨郾一帶直入南汝各屬隨處私售門戶洞開侵銷之害較前更甚故河東滯引多屬豫岸

山西雖係認課包額究未銷完價捐各款亦多賠累

山西引額分配一千六百三十七名九十四引內民運一千三百零一名五十九引官運三百三十六名三十五引又嵩嵐等州縣引二十九名一十四引通融勻銷不分引地自民運各地本定例包繳無論行銷暢滯責令包課一千名所定包額本難銷足後以價捐迭加成本更重各販以完十成之課祗銷七八成之鹽苦於賠累始則請減包額繼則請做長蘆包繳加價宣統元年因將澤潞平絳霍隰六府州屬三十一州縣包認一千名內挑出二成引存留運庫每綱以二百名爲率應完正課雜課並隨納之海防捐費按引攤捐償欵攤捐每名共銀一百一十八兩仍令包認封課而不運鹽其另籌加價賠欵加價通行加價每名共銀一百五十兩暫行寬免此於無法之中設法調劑疲弊情形已可概見又按山西自官辦以來積弊相沿後雖改行官民並運凡民運地方每鹽一名例有緝私經費二十兩由各州縣經收名爲經費實則陋規此外又有節壽門隨抽豐食鹽等名目任意勒索與官辦時代無異故河東之弊晉岸爲最

惟陝西銷數約溢四五百名

陝西引額分配一千三百三十一名一百零一引內民運七百八十六名六十五引官運五百四十五名三十六引自免商後就場徵稅三省引目互相通融晉豫滯引得融陝岸每年銷數率皆一千八九百名至二千名不等雖云溢額大都由商雒一帶轉銷南陽陝州等處加價以來銷數漸減然以豫岸加價多於陝省每年配引約一千五六百名或一千七八百名轉販入豫者不止三分之一並非陝境暢銷

綜計三岸歷年掣運僅止八成迨宣統間積引壓至七綱短課二百餘萬

河東自光緒間鹽引積滯節年帶銷新陳併計至光緒三十四年臘引三萬一千八百名積壓已有六綱短徵正雜課欵三百三十餘萬

宣統元年因將奏限展緩兩月於每年十月奏銷仍屬不能依限至宣統三年始辦乙巳新綱而癸卯甲辰又有未完之引合併計算共壓七綱不止短課三百八十九萬餘兩而加價攤捐雜款等項不預焉

縱元年二年間配銷尚旺歲入一百餘萬

宣統元年配銷引數五千四十一名一百十引歲入課價雜款共銀一百三十四萬一千餘兩宣統二年配引四千九百四十三名四十八引歲入一百一十七萬七千餘兩雜款一項除坐商畦稅鹽池歲修官運餘利及生息各款外餘皆按引攤納合併課價攤捐歲應徵銀一百三十一萬八百八十餘兩據宣統元二年冊報所差無幾若以實際論之河東當光緒末因壓引過多封銷不旺定例提前督課設法催徵以虛抵實預報作完勉顧奏銷而實欠在商者仍復不少奏報查銷固未依限也

而預報作完仍多商欠要皆提前督課勉顧奏銷各岸商販竭力辦鹽或已配而未掣或已掣而未運或已運而未售非獨引綱積壓且有鹽壅之患終清之世河東鹽務未能整理矣

河東自改就場徵稅定例先課後鹽無論官民先向坐商配鹽購取鹽帖領引納課赴場報掣名曰預報其已報未能即掣者聲明補放名曰宿鹽光緒三十四年以鹽引積壓督催完課變通辦理預報之外不免商欠縱配銷引數較前增加然已配未掣則有在場之鹽已掣未運則有在店之鹽已運未銷則有在岸之鹽課雖封納鹽實存積及宣統間統計三岸積鹽不止一綱蓋河東弊源一由引多一由私占整理之法當以疏銷為要若僅勉顧奏報庸有濟耶

通觀清代河東之弊自免商以前由於課重課重則商困雖雍正一朝有所清釐及商困深而疲敝極矣自免商以後由於引多引多則銷滯雖咸豐年間得以暢行及銷路減而疲敝又極矣百餘年來設法補救一變為歸丁再變為簽商三變為官辦

敷衍因循無益於事迨其既也就場徵稅官民並運法非不善果能減少引額注重緝私統籌三岸劃一章程較之場區散漫者整理固易耳

山西北路沿革

山西北路亦禹貢冀州域漢置并州唐置河東道金析河東爲南北兩路名稱實始於此山西一省自唐開元中置爲河東道金天會六年析爲南北兩路據金史地理志北路所領爲太原一府晉忻汾石代隩嵐管平定寧化岢嵐保德十二州南路所領爲平陽河中二府隰吉絳解澤潞遼沁八州其大同一府豐弘淨桓撫朔應雲寧邊東勝十州別隸西京路證以現今鹽務劃分區域雖有參差而兩路之分實自金始之

山西鹽務凡河東銷區謂之南路銷區以北總曰北路河東行鹽區域隸本省者爲平蒲潞澤四府霍解絳三州及隰州屬之蒲縣名曰南路其太原汾州寧武大同朔平五府平定保德忻代遼沁六州隰州及所屬之大寧永和二縣並口外各廳皆不行河東鹽則曰北路通計山西省區東據太行南連陝豫西界黃河北邊蒙古共一百一十五廳州縣河東銷區僅占三分之一北路食鹽不資河東由來尚矣自漢元狩四年創行專賣設立鹽官一於太原一於樓煩即今所謂土鹽也漢書地理志載太原郡有鹽官在晉陽雁門郡樓煩縣有鹽官沃陽縣有鹽澤以今地理證之晉陽即今太原樓煩即今神池朔州一帶皆屬土鹽產區太原之大者禹貢謂之太原春秋亦謂之大鹵穀梁傳云中國曰太原夷狄曰大鹵蓋原以地多鹹質故有大鹵之稱說文云鹵西方鹹地是其證矣沃陽鹽澤即今寧遠廳黛哈池亦產土鹽水經注云沃水東逕沃陽故城又東北流注鹽池距沃陽城六十五里池水澂渟淵而不流東西五十里南北二

十里清一統志云沃陽故城在鑲藍旗察哈爾界是其證矣漢時太原郡兼有今太汾兩府平代兩州境當日土鹽出產較多故於晉陽設立鹽官以便統轄晉陽者太原郡治也漢雁門郡兼有今大同寧朔三府及代州境鹽產亦多皆隸於樓煩鹽官是則山西北路行銷土鹽自古已然

一於富昌一於沃野一於成宜即今所謂蒙鹽也

漢書地理志載西河郡富昌縣朔方郡沃野縣五原郡成宜縣並有鹽官以今地理證之富昌即今鄂爾多斯左翼前旗境內沃野即今鄂爾多斯右翼後旗境西成宜即今五原廳地在烏喇特旗南鄂爾多斯右翼後旗之北鄂爾多斯爲今河套所有鹽產均係套內沃野成宜今隸套外而漢設鹽官者河道南徙地勢變遷產區情形今昔固不同也沃野志又載朔方縣有金連鹽澤青鹽澤朔方即今鄂爾多斯右翼後旗境內漢志之例凡縣下注池澤者皆以產額最著而言若安邑臨羌注有鹽池與沃陽朔方注有鹽澤其例一也漢時於河套一帶設三鹽官鹽產之旺已可概見今套內鹽池多在右翼三旗其最著者曰大鹽灤曰長鹽池隸於右翼前旗曰紅鹽池曰狗池隸於右翼中旗曰鍋底池曰喀喇莽尼池隸於右翼後旗喀喇莽尼池俗謂蒙古大池魏土地記云朔方有大鹽池鹽粒大而色青白名曰青鹽又名戎鹽元和郡縣志云宥州胡洛鹽池周廻三十里亦謂之獨樂池水道提綱云套內鹽池以喀喇莽尼爲大即漢青鹽澤唐名胡洛池由此言之青鹽澤即今喀喇莽尼池金連鹽澤今不可考然鄂爾多斯鹽古名青鹽而今曰白鹽者蓋兼青白二色名稱隨俗也古名戎鹽亦猶今謂蒙鹽也

洎乎東漢匈奴入寇叛服不常及於魏晉寇擾益甚永嘉而後幷州諸郡一沒於前後趙再沒於慕容燕三沒於苻秦旋併於後魏割據相繼者垂百餘年民罹兵禍鹽業衰落固一變矣

按五原朔方漢初本匈奴地武帝元朔二年逐匈奴置爲郡元狩四年始設鹽官王莽之變匈奴乘間侵軼復入五原光武中興未遑北討邊郡鹽池因以淪失其後匈奴爭立分爲南北部南部款塞歸命時建武二十四年也永元之初

北部就撫由是南北兩部叛服不常迄於魏晉寇擾益甚邊郡多事者二百餘年迨晉永嘉四年將樓煩等縣畀與猗盧陘北鹽產遂亦淪失然此猶屬塞外至於塞內自漢中平後匈奴降者雜居內地建安末又將南匈奴分爲五部散處晉陽汾陘間迨晉永嘉二年劉淵肇亂於離石幷州諸郡被其侵占羌胡羣起攻伐日尋建興二年幷州又沒於石趙升平二年又沒於前燕太和五年又沒於苻秦太元十一年二更爲西燕所取十七年又爲後燕所取二十一年終爲後魏所併割據相繼者垂九十年至五原朔方當永嘉間初爲前後趙所據太元元年又據於苻秦十一年又據於姚秦義熙三年又據於赫連勃勃宋元嘉四年亦爲後魏所併劉淵匈奴也而居晉陽拓跋珪鮮卑也而居雲中皆起於山西北路遂致戰爭不息民罹兵禍鹽業衰落固可知矣

唐開元中復徵鹽稅宥州胡洛池歲得鹽以給振武天德並於大同橫野軍置立鹽屯歲得鹽以輸司農新唐書食貨志云安北都護府有胡洛池歲得鹽萬四千斛以給振武天德大同橫野軍有鹽屯每屯有丁有兵歲得鹽二千八百斛下者千五百斛以輸司農按後魏時代鹽法屢興屢罷書闕有間不可得詳至隋鹽已無稅唐開元中始復檢校鹽課太汾土鹽固未徵取唐志載蒲州鹽池外不須檢校是其證矣宥州鹽池隸安北都護府舊唐書食貨志言由河東供軍使收管每年採鹽供振武天德兩軍採鹽者卽撈鹽也蓋歸官自辦專備軍需天德軍治在西受降城卽今烏喇特旗西北境振武軍治爲後魏盛樂城卽今歸綏廳境鹽屯之法當開元初姜師度創行於河東後遂推行於大同橫野大同軍在代州北卽今馬邑縣治橫野軍在蔚州東北乾元元年併入天成軍卽今天鎭縣治俱係土鹽產區地多鹻鹵因設鹽屯此又營屯之變例非鹽法之常制也

乾符而後李思恭據宥夏李克用據代北榷鹽之利非復唐有及於石晉寰朔雲應地盡割失又一變矣按唐自乾符後黃巢雖平藩鎭益盛李思恭據有宥夏等州李克用據有太原代北思恭本拓跋氏傳至元昊掠地漸廣號曰夏國故西夏之鹽侵越宋

境宥州鹽池即其一也克用本突厥種號曰沙陀後唐之興實由代始沿及石晉而寰朔雲應割獻契丹故鴈門以南邊鹽復得侵越蓋自宋以前中國之患多在山西北路匪獨鹽務關係矣宋時河東北路東有遼鹽西有夏鹽外私侵越防禁宜嚴雍熙初始於幷州設永利監專理鹽事按五代之際號國者十太原以北十州是為北漢宋初削平諸國北漢最後時太平興國四年也規畫鹽法當在雍熙元年元豐九域志云雍熙元年於平晉縣置監務咸平四年升為永利監宋史食貨志云袞鹻為鹽曰幷州永利監是其證矣平晉即今太原縣幷州即今太原府宋時山西為邊部重鎮外鹽侵入尤宜關防故於幷州設永利監主管鹽事蓋為特別區域也自漢以後山西土鹽置立專官又始於此凡州民之有鹻土者籍為鐺戶輸鹽於官謂之課鹽詳見宋史食貨志按鐺戶猶鍋戶也各就民戶原有鹻地編為鐺戶蓋倣海鹽竈戶之例與解池畦戶不同畦戶由官廩給種鹽悉歸於官鐺戶按鍋徵鹽故有課鹽鹽行幷汾忻代平定寧化等十八州軍宋史食貨志云永利監歲袞鹽十二萬五千餘石以給本州及忻代石嵐憲遼澤潞麟府州平定威勝苛嵐火山寧化保德軍河東惟晉絳慈隰食池鹽餘皆食永利鹽按宋永利鹽行銷各地以今山西鹽務證之除澤潞二州今隸河東麟府二州今隸陝西慈隰二州宋銷解鹽今歸北路其餘幷汾忻代等處俱係土鹽銷區較之宋制大概相同悉聽通商准令商人各占賣地宋史食貨志云永利鹽許商人販賣自占所賣地不得出境天聖中又於汾州分設西監以幷州為東監凡鐺戶餘鹽官盡收賣聽商入錢償以鹽謂之中賣鹽宋史食貨志云仁宗時分永利東西兩監東隸幷州西隸汾州鐺戶課餘官以錢售之謂之中賣鹽法亦與海鹽同歲視舊額減三千四百三十七石其入官斛為八錢或六錢出為錢三十六歲課緡錢十八萬九千有奇按宋制每石為鹽五十斛中賣鹽者謂盡鐺戶所袞鹽而官收

之令商人入錢易鹽酌定場價償給鍋戶工本蓋倣天禧年淮南之例此其立法主在官收商運所謂就場官賣也初康定初鹽多壅積令於並邊入中芻粟給鈔支鹽估虛鈔賤歲課日虧至熙寧八年改由官自運賣宋史食貨志云自咸平以來聽商輦鹽過河西麟府州貿易官爲下其價予之積鹽益多康定初罷東監煑鹽三年議者請梟商人入芻粟麟府州火山軍予券償以鹽從之既而芻粟虛估高券値千錢爲鹽商所抑纔售錢四百有餘而出官鹽五十觔虧之耗官課或請罷入芻粟第令入實錢轉運使議以爲非便而止熙寧八年三司使章惇言兩監舊額歲課二十五萬緡自許商人並邊中糧草給紗支鹽商人得鈔千錢售價半之坐賈獲利不貲歲課緡日減今纔十萬四千餘緡若計糧草虛估官纔得實錢五萬餘緡視舊虧十之八請如解鹽例募商入錢請買或官自運賣於本路重私販之禁歲課且增並邊市糧草一用現錢詔如所奏官自運賣宋志又云鹻土或厚或薄薄則利微鍋戶破產不能足其課至和初韓琦請戶滿三年地利盡得自言摘他戶代之至和二年又詔鍋戶輸歲課以分數爲率蠲復有差過水災亦聽摘他戶代役百姓便之元豐初復行天聖舊法紹聖初又復熙寧舊法宋史食貨志云元豐元年三司戶部副使陳安石言永利東西監請如慶歷前商人輸錢於麟府豐代嵐憲忻岢嵐寧化保德火山等州軍本州軍給券於東西監請鹽以除加饒折糴之弊仍令商人自占所賣地鹽已運至場務者商人買之加運費如是則官鹽價平而商販通遂行其說用安石爲河東都轉運使安石請犯西北青白鹽者以皇祐敕論罪首從皆編配青白入河東犯者罪至流安石治鹽歲有羨餘並增收忻州鄜地馬城池鹽課元祐元年右司諫蘇轍言河東除食解鹽餘仰東西永利鹽未嘗闕元豐三年始議創增馬城池鹽夾硝味苦民不願買祈下轉運司苟無妨闕即止勿收詔從之紹聖元年河東復行官賣法崇寧初更行鈔法

京東河北鹽亦得販運入境鈔無定估有害糴買崇寧四年改收現錢依舊中賣

並罷東北鹽禁止販入

宋史食貨志云崇寧三年以河東三路鈔無定估本路尤賤害於糴買罷給三路鈔祇給現錢鈔如河北鈔法四年詔永利兩監土鹽仍官收現錢賣之聽商人入納算請定往河東州軍能客販東北鹽按崇寧初年蔡京用事大改鹽之法罷官般賣改行鹽鈔又以京東河北末鹽客運至河東其利增倍准其販運時出鈔過多鈔價日賤三路鹽鈔未有定估三路者東南鹽錢爲河北之備東北鹽爲河東之備解鹽爲陝西之備錢積於京師鈔給於三路半支現錢半支紬絹此定制也其後河北鈔法全支現錢名曰飛鈔故崇寧三年永利鹽地亦做其例然以鹽鈔難通故至四年依舊官收商運如中賣之法蓋自雍熙初迄崇寧末法凡七變至是乃定不二十年而靖康之禍作矣

百餘年間鹽法屢變至是乃定此宋制之大畧也金時陘嶺以北別爲西京路置西京鹽使司西京本唐雲州遼重熙中建爲西京嘗徵鹽稅隸於計司金初循遼之舊天眷元年始設專司

遼史地理志云西京大同府本唐雲中郡元魏道武於此建都後晉割地大同屬焉重熙十三年升爲西京置西京道豐州有大鹽濼食貨志云豐州鹽產西京計司領之金史地理志云西京金襲遼制建西京路按金天輔六年取遼西京天會三年獲遼主於應州西京一路皆爲金有其初循遼舊法制度簡略及熙宗時頒行官制自是鹽務始設專官

鹽分兩類一爲煎鹽一爲撈鹽

金史地理志言西京路產煎鹽撈鹽例如所載大同縣有鹽場渾源州產鹽此煎鹽之類也柔遠縣有鴛鴦濼豐利縣有泥濼蓋里泊寶山縣有狗濼皆係產鹽處所此撈鹽之類也金初鹽司設於大同其後撈鹽產額日盛因移鹽司於狗濼金史食貨志載大定十一年更定狗濼鹽場作六品使以西京鹽判宋俱爲使順聖縣令白仲通爲副是則西京一路分兩鹽司大定二十五年更狗濼爲西京鹽司是則復行裁併矣食貨志又載烏古里石壘部皆有鹽池足食境內之民大定十一年十三年先後嘗免其稅烏古里石壘爲金部族名稱部落所在未能詳也金時煎鹽卽今土

鹽撈鹽即今蒙鹽今大朔兩府屬多產土鹽金志但著大同渾源蓋以產旺者論也至於蒙鹽例如蘇尼特旗本金撫州昌州地長春眞人西遊記言北過撫州東北過蓋里泊盡鹹鹵地南有鹽池張德輝紀行言北過撫州又北入昌州州東有鹽池周廣可百里土人謂之狗泊以其形似狗泊疑即狗濼今蘇尼特右翼東南有古木土鹽泊西有西喇布祿泊皆產鹽不知孰爲蓋里泊孰爲狗濼也又如喀爾喀右翼旗本金豐州地旗之東南亦有鹽池此外若正黃旗牧廠本金撫州地東有昂古里池清一統志云即鴛鴦泊在與和北明時稱集寧海子金撫州鴛鴦濼亦名昂吉濼昂古昂吉字形相近昂古里池西復有鹽池蒙古游牧記云鴛鴦泊水味鹹產鹽如陝中花馬池能自長落鑲黃旗牧廠亦金撫州地北有鹽池又若察哈爾多屬撫桓二州地鑲黃旗北則有鹽泉正黃旗北則有庫爾木池正白旗西北則有翁翁池鑲白旗西北則有紅鹽池鑲紅旗之東南鑲藍旗之東北則有黛哈池即漢沃陽鹽澤今大同邊外蒙旗鹽產以蘇尼特爲大宗金西京路鹽以狗濼爲大宗比例參觀適相符合蒙古產區關係鹽務因特博綜載記詳述於篇庶蒙鹽沿革或可考焉行鹽之界視其地宜貞元二年倣照宋制亦行鈔引每套一鈔石一引大套之石五小套之石三零鹽積十石合鹽十引併作一鈔凡煎鹽每石爲價二貫撈鹽一貫五百文歲課十萬四百一十九貫承安三年增加鹽價煎鹽每石增爲二貫八百文撈鹽二貫文既增鹽價復增歲額每歲課入共爲二十八萬二百六十四貫詳見金史食貨志按大定二十八年創設巡捕使置於兜答館兜答館者不詳所在蓋驛館也二十九年以巡捕擾民因罷巡捕使泰和七年又定鹽官增虧升降格西京鹽司與北京遼東其法相同詳見奉天沿革篇河東北路則行解鹽太原鹵地令民自煎均辦鹽錢名曰乾辦乾辦者計口定

課另行納稅歲額十萬貫按金既滅遼自西京入太原所至破陷及天會五年河東郡縣悉沒於金時宋建炎元年也南渡之初戰爭未息解鹽銷區運道梗阻於是變通舊法將宋時永利鹽地改行解鹽然太汾一帶鹵地較多貧民生計未便禁絕仍令煑鹽計口輸稅定爲乾辦金史食貨志載大定二十九年河北私煑禁嚴民多獲罪詔依太原均辦例聽民自煎戶部尙書鄧儼議言計口定課民既輸乾辦錢又必別市而食重費民財徒增煎販者之利且官鹽估高私鹽易售致虧官課乾辦鹽錢亦宜減價禮部尙書李晏議言乾辦既非美名又非良法必欲杜私煑之弊莫若減除官價使官私値同私將自已刑部尙書郭邦傑則謂太原鹵地可依舊乾辦明昌元年上封事者言河東北路乾鹽錢歲額十萬貫定課太重民多逃徙請令緩徵詔侯農隙遣使察之是則乾辦之弊已可概見若今山西陽曲等州縣引稅辦納乾課亦其例也以視宋代情形迥殊此金制之大畧也元承金制因而未改太宗二年始立太原西京課稅所兼收鹽稅按元史本紀載太祖六年取金雲內武朔等州進克西京分兵南下至太祖十三年河東北路悉爲元有其時金兵據守潼關戰事未息不遑治鹽太宗二年始於太原西京各設課稅所徵收鹽稅歸其兼辦至狗濼蓋里泊鹽稅則隸宣德課稅所元史地理志載上都路宣德府本金宣德州以今地理證之卽察哈爾外御馬廠境中統三年定例太原小鹽任民煮販輸納乾課歲辦一百五十錠中統五年增爲二百五十錠隸於轉司運至元六年更立太原提舉鹽使司直隸制國用司詳見元史食貨志按元史世祖本紀載中統三年定例太原小鹽聽民販食歲輸銀七千五百兩並改太原課稅所爲轉運司依舊兼理鹽課小鹽卽土鹽元時太原等處沿金之制仍屬解鹽銷地辦納乾課曰小鹽者蓋以別於解鹽也元於太宗二年始行鹽法每鹽一引重四百斤納課十兩中統二年減爲七兩太原課銀歲辦一百五十錠計合引額爲一千七百七十一引有奇

中統五年增課一百錠計增引額爲七百一十四引有奇歲辦課銀共爲一萬二千五百兩此元之初制也迨貞元後鈔法日壞鹽課屢加史文闕佚莫能詳矣

西京各屬例食土鹽昌州所產得以並行

按金西京一道元初分爲三路一曰上都一曰興和一曰西京至元二十五年改西京爲大同路即今大同朔平府及歸綏豐寧等廳境興和路昌州即今蘇尼特旗境金於大同昌州並設鹽場元大同鹽課初隸課稅所後改爲轉運司惟於昌州置設鹽司元史地理志載中統三年昌州置鹽使司世祖本紀載至元二十年裁昌州蓋里泊管鹽官吏九十九人以其事隸總管府是則昌州鹽司僅設二十一年大同各屬雖食本境土鹽昌州撈鹽例亦通行蓋大同興和兩路其在金時同隸一區元代鹽法多因金舊以太原例之則知大同當沿金制矣金時西京鹽法多與北京遼東相同元代大同鹽課雖不可考然以遼陽例之則知輕於解鹽矣

此又元制之大畧也明初行開中法

太汾等處仍銷河東鹽弘治中改行折色鹽利既微商運罕至嘉靖中始弛鹽禁

准食土鹽給票收稅抵作引目

按明開中之例創行於河東其後兌支之法亦創於河東蓋九邊各地如榆林宣化附近山西大同又爲山西北境故河東之鹽中納者多因將太汾土鹽禁止煎販及弘治五年改折銀兩商人無所獲利太汾一帶山路崎嶇道遠費重運販罕至嘉靖中始弛土鹽之禁給票收稅每鹽百觔給票一張聽其轉販於岢嵐保德陽曲等處惟平定代石之十州縣仍行引鹽而商亦不至降慶初議定計口派鹽按鹽給票計自嘉靖以來先後增加共給鹽票一十一萬五千五百七十九張抵作一萬六千三百二十引

隆慶四年通令行票不復用引原派陽曲等州縣引額攤入河東各岸勻銷

按隆慶四年定例太原府屬陽曲等十州縣並汾州及所屬三縣共十四州縣通食票鹽每票百觔收銀六分責令屯鹽道督理完解運司其原派陽曲等州縣引目攤歸河東行鹽地方自是以後太汾等處專行土鹽郡國利病書云太原土鹽隆

慶中始給煎戶印票定額起課每票一張納稅六分迨後給票日多稅銀亦日增無論煎賣多寡一概坐名散票計票收銀追比嚴急民不樂煎甚至池竈已廢票稅未除據此則當時票稅蓋按煎戶徵收大同等處兼銷昌勝兩州鹽嗣以開平河套先後失棄兩州鹽池淪入蒙古本境土鹽不敷民食嘉靖三十一年始議領運河東以資接濟按明初既取燕京北逐亡元至稱海而還稱海者元和林地也於是建設衛所以扞邊圉東起遼海西盡嘉峪而宣大兩府尤為重鎮就鹽產地論之其時昌州鹽池隸於開平衛勝州鹽池隸於東勝衛大同一帶猶得運銷自宣德三年棄開平移獨石昌州之鹽遂為蘇尼特所有然河套以內耕屯相望勝州之鹽尚隸邊境自天順六年毛里孩等始入河套成化九年復之弘治八年又為火篩所據及嘉靖間駐牧套中者為鄂爾多斯部落最強屢肆寇掠關陝河東歲被蹂躪蓋地廣田腴鹽池之利足以資之故明棄河套以後邊事日壞非無故也嘉靖三十一年以大同土鹽不敷民食始議河東引目增入大同字樣令大同府一例行銷實一綫蒙鹽禁絕不能不權宜變通矣隆慶六年復議大同土鹽免其抽稅續文獻通考載隆慶六年河東巡鹽御史俞一貫奏渾源等州縣地瘠民貧所煎土鹽僅給日食與太汾等處利源繁衍者不同乞免抽稅第禁其越境私販毋與他境爭利部議從之又按明制大同例中長蘆鹽每引定價二錢其後運商認價三錢土商如故萬歷三十三年部議土商比照運商加銀一錢大同巡撫張悌言大同中鹽遠商罕至率以土商充之轉運脚費倍於宣府乞照舊例仍以二錢認納是則大同亦行蘆鹽也此明制之大畧也綜考歷史證以地勢若漢若唐若宋若明山西北路悉為邊要惟元則隸於腹裏故其規畫各有不同清代以來蒙古內附北路鹽務又一變矣順治二年始議太汾遼沁等府州停票改引歲定引額二

萬一千六百九十一道清會典載順治二年議准太原府汾遼等州停止票鹽改行引鹽清文獻通考亦載是年巡鹽御史劉今尹疏言鹽太
汾遼沁舊食本地土鹽每引折刷小票行鹽一百觔例歸河東所轄若行票似非劃一當如山東例革票用引以除私販之弊從之按明時土鹽給票始行於太
汾繼行於平代其後遼沁等州皆行票鹽及至清初惟汾州之石樓隰州並所屬之大寧永和尚行河東鹽
康熙中按丁加引共增二
萬一千七百九十四道按康熙十八年巡鹽御史傳廷俊以土鹽歲產無窮疏請清查煎竈按丁加引部議准於陽曲等州縣增引一萬七
千四百六十二道十九年又加四千三百三十二道
並將石樓一縣改食土鹽乾隆中復將隰州暨所屬大
寧永和二縣亦改土鹽共引二千一百八十道按康熙十年巡鹽御史布舒疏言汾州七縣俱食本地土鹽獨石樓
一縣行銷解鹽道里阻長行運維艱照改土鹽商民兩便經部議准乾隆三十三年山西巡撫富明安疏言隰州及所屬大寧永和二縣向銷解鹽但地處萬山中
車輛不通輓運維艱民苦價貴應照石樓之例改食土鹽亦經部准
由是行土鹽者四十四州縣合引四萬五千六
百四十五道皆領河東之引不食河東之鹽循例納課謂之鹽稅歲應徵銀一萬
九千一百五十四兩零河東舊例每引徵銀三錢九分八釐零太汾遼沁等處鹽稅向由太汾等管鹽同知並遼沁等知州督徵解交河東
自嘉慶間設立吉岸凡食土鹽州縣劃爲吉鹽引地內陽曲等三十州縣依舊彙食土鹽仍留引稅岢嵐等十四州縣撥歸吉引共引三千四百九十四道歲應徵
銀一千四百三十五兩有奇吉岸廢後所有引額匀入河東晉岸代銷岢嵐鹽稅因以剔除惟陽曲等鹽稅引四萬二千一百五十一道於復商案內改由山西藩
司領繳應徵稅銀一萬七千八百五十八兩有奇由各州縣隨同地丁徵解藩庫遂爲定制
大朔兩府並口外各廳清初定例

蒙土兼食約計蒙鹽凡分四種一曰鄂爾多斯一曰蘇尼特一曰烏珠穆沁一曰吉蘭泰按大朔兩府及口外各廳自漢以來兼行今蒙地鹽惟明末行河東鹽雖屬權宜之計要亦事勢使然今以地理歷史證之晉北邊城毗連蒙古當西漢時尙隸版圖沿及後漢遂爲單于南庭一變爲西胡再變爲西奚三變爲突厥唐初蕩平突厥置定襄雲中等郡領於安北單于二都護而控馭不久遼金置西京道僅在漠南獨元起漠北於漠南置興和大同等路於漠北置嶺北行中書省爲古今國防一大變明之中葉元裔由漠北入漠南由是大朔復爲極邊清中天聽間征察哈爾蒙旗震懾相率降服分爲東西六盟東四盟當奉天黑龍江及直隸邊外西二盟當山西陝甘邊外阿拉善額魯特自爲一部不設盟其中鹽產東盟以烏珠穆沁爲最而蘇尼特次之西盟則鄂爾多斯而阿拉善在其北鹽產尤著皆行於山西北邊蓋大同以北爲察哈爾右翼與蘇尼特接壤朔平以西爲歸綏薩拉齊等廳歸化城土默特旗境也與鄂爾多斯相隔一河昔之蒙旗今爲內屬故蒙古鹽觔不在禁例較之明代情形固殊矣烏珠穆沁詳見長蘆沿革篇

四種之內以吉鹽爲大宗吉鹽者產於阿拉善額魯特所謂西套也按阿拉善額魯特部在賀蘭山陰賀蘭山蒙語謂之阿拉善山居河套之西故亦曰西套額魯特本漢北地郡西境漢書地理志載北地郡弋居縣有鹽官蓋其地也唐爲溫池縣元和郡縣志載賀蘭山向北經靈武縣又北經懷遠縣又北經定遠城西定遠城在溫池南即今定遠營也舊唐書食貨志載大中四年以溫池鹽利可贍邊陲勅度支收管仍差靈州分巡院官勾當大中六年設榷稅使緣新制置未立榷課定額以今地理證之吉蘭泰池在定遠營北則知卽唐溫池矣宋景德中沒於西夏元屬甘肅行中書省明爲邊外地清初蒙古額魯特部駐牧西套康熙十六年噶爾丹襲破其部巴圖爾額爾克濟農·逃竄近邊二十五年詔以寧夏甘州邊外給爲牧地此吉池所由隸蒙古也今考池面積八十餘里池中積水成鹽質味極佳俗曰紅鹽蒙語謂之擦漢布魯克池阿拉善旗鹽池最夥吉池以外又有同湖池和屯池

昭化池達賴把音池那林哈克池雅布賴池諾爾土布魯池清一統志言西套界內有青鹽池鶯鶩白鹽池小白鹽池皆在鎮番縣西北明初曾設鹽司有紅鹽池在山丹縣北池產紅鹽根可·作器明洪武中採辦歲貢後因地處境外能之就現今名稱未能詳證要之阿拉善鹽產額豐旺論其銷路以甘肅爲大宗陝西一省亦居其三而晉北所行則係吉池鹽也

先是各種蒙鹽僅行口外自乾隆初始有入口之例按清初蒙鹽雖准行銷大朔兩府及口外各廳定例不許運入內地侵礙河東引岸嗣後土鹽不敷之州縣往往就近買食乾隆元年查禁鄂爾多斯鹽以甾嵐保德等十一州縣地近沿邊土鹽不足兼食蒙鹽民間便安相沿已久議定蒙古鹽觔凡土鹽不敷地方仍舊行銷祇許陸運由殺虎口盤督徵取鹽稅每駝一百二十觔收稅四分五釐故吉鹽照例亦得販運入口乾隆二十二年解池被水鹽產缺乏議准借運鄂鹽二十五年又議借運吉鹽二十八年又准土販持引赴口採買責令歸綏道稽查冊報皆緣河東鹽缺權宜辦理而入口鹽多不免侵越乾隆四十五年始行禁止四十七年山西巡撫農起奏請弛禁仍聽邊民輸稅販運祇許在廳食土鹽處所銷售毋得私入河東引地然亦僅許陸運自乾隆末始有水運之例按乾隆五十一年西巡五臺阿拉善旗旺沁班巴爾以吉鹽陸運所銷無幾懇請水運山西巡撫伊桑阿議言太原等處本非全賴吉鹽若聽外藩運船而來不特言語不通劄自托克托水程千里至臨縣磧口鎮下接平陽之吉州鄉寧與秦豫皆一水可通恐侵河東引地但臨縣至河東引地尚有二三百里聽運至磧口爲界磧口以下毋許侵越經部覆准由是鄂蘇之鹽亦得水陸並銷蒙鹽水運蓋始於此迨河東鹽課攤歸地丁無論蒙鹽任聽民販遂致浸灌內地兼侵淮引嘉慶十一年議停水運杜防越私按乾隆五十七年河東鹽課改歸地丁無論蒙土花馬池鹽聽民自運概不禁阻蒙鹽銷地遂無限制清會典載乾隆五十七年奏定阿拉善地方每年准造鹽船五百隻每船運鹽四十石石七百觔共計二萬八千觔運至山西例食土

鹽州縣販賣石收稅銀四錢共收銀八千兩及嘉慶初甘肅回民馬君選包辦吉鹽每年約銷二萬八九千石至三萬一二千石不等每年給與阿拉善池租銀多則二萬少則一萬餘兩惟時鹽禁既弛吉鹽水運順流南下非特河東引岸被其浸灌甚至私入楚豫侵占淮綱嘉慶五年仍照舊例祗准由磧口起岸派員駐緝以杜偷越嘉慶八年又於磧口下游添設委員嚴加巡查而私越之弊終不能絕嘉慶十一年河東鹽運復歸商辦若蒙古鹽觔任其水運內地官引實多侵礙因將水運禁止仍照舊例祗准在托克托河口鎮儲積概由陸路行銷責令歸綏道督同托克托廳通判就近嚴查

旋以阿拉善旗呈獻鹽池於是設立鹽官招商辦運將口外各廳大朔兩府並陽曲等四十四州縣劃為吉蘭泰池引地歲定引額八萬七千五百道

按嘉慶十一年馬君選既以私販吉鹽罹於法阿拉善王瑪哈巴拉懼而獻其池於是池歸國有乃倣河東之例將吉蘭泰池定為場區以吉蘭泰為撈鹽之地磴口為發運之所各設鹽大使一員將河口鎮為引鹽入境要地吉鹽船停泊轉運之處設批驗大使一員又設運判一員駐於磴口改寧夏兵備道兼鹽法道事宜此鹽官之規定也將向食吉鹽之口外各廳大同朔平兩府及陽曲等四十四州縣劃作吉鹽銷區並將陝西神木府谷等八州縣改食吉鹽統為吉岸此引地之規定也吉鹽從前准用鹽船五百隻約計五萬餘引於是酌量情形增加引目其陽曲等三十州縣向食土鹽不需吉鹽接濟仍照舊額完納鹽稅嵩嵐等十四州縣向食蒙鹽將從前鹽稅按數剔除撥出歸商領引納課十四州縣者太原府屬之岢嵐嵐興汾州府屬之永寧臨縣鄉寧寧武府屬之寧武神池偏關沁州屬之沁源忻州屬之靜樂代州屬之繁峙保德州及所屬之河曲也約計引地七十二處每年以三萬石為率石七百觔應酌引額八萬七千五百道每引二百四十觔納課三錢九分八釐零悉照河東一律覈計正雜課銀公務官錢等項歲應徵銀六萬三千五百餘兩此課額之規定也當吉岸初立之時正河東復商之始原議河東運商一併承辦無如地勢商情諸多窒礙吉池在黃河上游比鄰寧

夏解池在黃河下游毗連秦豫相去二千餘里雖一水可通而天橋壺口飛瀑險灘非止一處鹽船至此必須起撥此關於地勢者吉池撈鹽遠在蒙境僱覓人夫須由內地購備口糧則坐商所費必重寧夏造船另派木商修造由運商納銀領船則船價不免勒捐吉鹽裝船向在碰口每年三月黃河冰泮始能開運八九月後河水結凍即須停運應於八月以內將全年額引一律運足則水運時期無多磧口以上河水溜急鹽船到晉不能將空船挽回碰口雖准變價船本已虧次年裝運仍須另造則經費預宜籌備況河東鹽行三省引額較多獲利自厚吉引縱行七十二處引課有限獲利亦薄在未定河東課額以前吉鹽成本既輕漫無限制得以任意行銷若招商納課認地行鹽逆計河東有商各護引地必因獲利厚薄致生疑慮此關於商情者故吉鹽領運改議另招口商定例坐商撈鹽運赴碰口轉交運商由運商價給工本駝腳每鹽一石重七百觔需銀三兩五錢其運商自碰運鹽赴河口販計船價薪工等費需銀三兩七錢又加應納課項二兩六分有奇每石共需九兩二錢有奇每年額運三萬石約需成本二十七萬餘兩招商就緒甫經試辦旋以資本不足即由甘肅坐商馬龍起兼充運商此又吉鹽開辦之情狀也

復將鄂蘇鹽觔限制進口毋得侵入吉岸

按嘉慶十三年山西巡撫成齡疏言鄂爾多斯蘇尼特兩部蒙鹽向與吉蘭泰鹽及北路土鹽並行兼銷吉鹽既已歸官招商辦運如仍聽鄂蘇蒙鹽照常販賣恐致吉引滯銷鄂蘇兩處惟賴游牧產鹽度日若概行禁止又於蒙古生計有關若並歸官辦飭商買銷則與吉商辦鹽之地相距甚遠力難兼顧若另行招商則又與吉引混淆惟有將兩處蒙鹽查照向日銷售地方予以限制仍聽民販運銷如口外之歸化清水河薩拉齊和林格爾豐鎮寧遠等廳皆與鄂蘇接壤草地平衍四通八達各蒙順帶鹽觔與居民交易本難禁阻應准就近兼食鄂蘇之鹽惟托克托一廳為吉鹽緊要口岸水陸轉運之處仍應查禁別部蒙鹽入境至口外之大同朔平寧武保德等府州屬沿邊沿河一帶州縣請照江浙等省老少鹽例准令民販肩挑背負零星售賣不得過四十觔如有駝運車載及水運多觔者仍以私鹽論罪戶部覆議江浙老少鹽原為體恤貧民起見經過各關免其納

稅鄂爾多斯蘇尼特無引蒙古鹽非場竈貧民例有限制者可比雖肩挑背負爲數有限而每日之內影射課私紛至沓來正復不少勢必鹽觔充斥於吉岸引課有關應仍徵納稅銀每四十觔由殺虎口照舊納稅一分五釐

無如額引過多課運屢誤嘉慶十六年改爲官運民銷

按嘉慶十四年吉商馬起龍虧課革退另招新商又復遲誤嘉慶十五年應配額引未曾起運一時招商不及於河東運商籤派數名令其接辦各商以勢難兼顧情願公捐銀五萬兩按引均攤領運無人不得不暫行權宜改爲官運民銷所需資本除商捐銀五萬兩外並由河東道庫銷價銀兩借撥十五萬兩共湊二十萬兩作爲運本所有積引分作三年帶銷應徵課項亦分三年帶納

十七年又議仍歸商辦終以銷路難暢因將鹽池給還鹽官裁撤所有引課攤入河東謂之活引而吉岸由此廢矣

按吉岸自開辦以來引滯課絀改爲官運引復不行嘉慶十七年詔命侍郎阮元文孚赴晉查辦奏言介休以南皆是河東引地吉鹽所定引地內如太原汾州等屬出產土鹽隨地輸稅朔平等屬亦有鄂爾多斯蘇尼特蒙鹽接濟土蒙鹽賤買食者多吉鹽水陸三千餘里路遠價昂如遇雨多土鹽歉產頗可暢銷如遇土鹽旺產即形壅滯似此情形本不能遽定引額乃定引過多銷不及半商人賠累誤運虧課招商乏人因有官運民銷之議官運不難難於民銷苟不能銷愈運愈滯若因滯銷兼顧課額勢不得不分派州縣認引督銷州縣若非虧挪庫款必致擾累閭閻是能銷之弊更甚於不銷種種格礙斷難行久計惟停止官運仍歸商辦將吉引改爲活額儘銷儘徵尤應通盤籌畫毋令侵灌河東引地方可永遠遵行查河口至磧口相去千里磧口切近河東自宜酌中定地示以限制擬於河口南三百餘里黃甫川爲界將磴口大使改爲皇甫川大使移駐該處專司稽查吉鹽水販祇准至皇甫川止其磴口商運鹽船照舊至河口起卸存倉聽商販賣疏入下大學士九卿會議旋經覆稱吉鹽商運亦屬窒礙改作活額徵解無常奏報多虛考覈難憑且吉鹽引課僅止河東十分之一不便因吉鹽行銷致令河東鹽務敗壞應令內地悉遵

舊制統行河東鹽其吉鹽引額加入河東引內做長蘆例定爲餘引即由河東商人領引辦課其吉蘭泰鹽池應請勅還阿拉善王瑪哈巴拉聽該處人民自行撈運俾資生計如有興販入口者照鄂爾多斯蘇尼特稅鹽之例按數收稅祇准車載騾駝由陸路運販不准水運以防侵越其阿拉善王每歲賞項銀八千兩即行停給原設礮口運判鹽大使吉蘭泰鹽大使河口批驗大使一律裁撤詔如所奏嗣據山西巡撫衡齡疏言河東鹽池僻處省南陽曲等六十四廳州縣遠居省北計程自一千數百里至二千餘里不等內陽曲等三十州縣專食土鹽課歸地丁歷久稱便岢嵐等十四州縣及口外七廳專食蒙鹽大朔兩府兼食蒙鹽土鹽蒙鹽入口按例輸稅土鹽價賤蒙鹽則布匹雜糧均可換易若以素食蒙土之處而令商人通行河東鹽無論道險途長運本不貲即民間向食賤鹽斷不能強之食貴現既停止吉鹽水運河東各商情願於三省引地內融銷吉引包納吉課部議覆准遂爲定制又按阮元吉池客難言阿拉善部在古賀蘭山陰康熙初賜以此土拳游牧者百餘年吉蘭泰乃其部之鹽池阿拉善任回民販鹽侵害鹽法因獻其池收歸商運宜也吉鹽累商賠課灑派也改定活額曷累焉或議以鹽池賜還曷爲還之吉鹽性重味佳苟不貴民甚利之若內運可以平河東鹽土鹽鄂爾多斯鹽之價蒙古及塞外貧民賴爲生計者數萬人曷爲絕之且藩民不可使之太富又不可使之太貧太富則不安太貧亦不安今以皇甫川爲止所以權衡適中也皇甫川距河東引地六百里一二年後皇甫川私鹽必侵而南河東私鹽必侵而北兩相侵則兩爲平準焉吉鹽二年不至管河東私鹽行銷必多河東官商通同一氣今河東道但請禁水運商人則以增引兼請水運當禁自禁之不在增引不增引商引當增則增之不在水運不水運若終挾求將遂治之商知不可要乃請增引不敢復言禁水運此其所論主在不廢吉岸仍歸商運故當時査辦酌量變通用意深遠議者不察遽以賜還鹽池爲請致令吉岸裁廢北路鹽務紊亂至今茲特述其原委詳著於篇

吉岸既廢鹽禁大弛於是花馬池鹽綏德小鹽長蘆鹽紛然錯出散漫無紀北路鹽務日以紊亂

按北路鹽務當吉岸

未設以前本屬自由販運吉岸既設果能實力規畫酌定中制未嘗不漸歸統一乃設岸以僅止七年即行停辦在當事者固慮侵礙河東保護引地庸知吉岸雖廢蒙鹽浸灌未能杜絕北路鹽禁轉以大弛此則失之甚者也自後青鹽白鹽販運悉聽民便就蒙鹽論例如吉蘭泰之紅鹽鄂爾多斯之白鹽蘇尼特之青鹽向行北路而烏珠穆沁青鹽亦得行銷於大同一帶就土鹽論例如鴈門以南則太原太谷平遙徐溝代州忻州定襄等處所產爲多陽曲楡次祁縣交城文水五臺崞縣繁峙汾陽孝義介休等處次之鴈門以北則大同渾源山陰應州朔州等處所產爲多懷仁陽高天鎮寧遠等處次之及光緒末而托克托附近之東海素臺所產土鹽鍋數增加每年煎鹽約一二萬石銷售於歸化托克托一帶太汾以西又有花馬池鹽綏德州小鹽由陝西府谷吳堡等處渡河侵入平遼以東又有長蘆鹽由直隸井陘贊皇等處越境侵入及光緒末而河東積引亦由官局配運試銷於太汾一帶由此北路食鹽品類紛雜展轉販售銷無定地鹽法紊亂固已極矣

雖徵取之法有稅有釐有加價而商無定人銷無定地視同百貨弊竇益多

按北路行鹽惟蒙鹽土鹽舊有稅例陽曲等三十州縣向領額引應納鹽稅攤歸地丁徵解此引稅也引稅以外有按鍋另徵稅銀每年約共八千餘兩此土鹽附加稅也蒙鹽入口向由殺虎口徵收鹽稅此關稅也咸同以來抽釐法起於是有加徵鹽釐之例吉蘭泰鄂爾多斯鹽由包頭河口等處抽收烏珠穆沁蘇尼特鹽由豐寧等處抽收土鹽運銷鄰縣者亦抽鹽釐光緒二十六年後鹽釐增重吉鄂鹽每石三百五十觔抽釐銀一兩烏鹽每石四百觔抽釐銀一兩六錢蘇尼特青鹽每石三百六十觔抽釐銀一兩二錢白鹽每石四百觔抽釐銀八錢鹽釐以外復有加價土鹽每觔徵收賠款加價普通加價共爲八文蒙鹽入口一律照收其不復入口者僅收銷鹽省分加價一文同蒲鐵路加價二文此蒙土釐價之例他花馬池鹽綏德小鹽舊制不准渡河嗣以禁絕未易始由軍渡磧口等處抽收鹽釐定章每觔抽釐錢四文隨收加價三文長蘆鹽舊制不准越境亦以浸灌日多酌抽鹽釐光緒二十八年倣照河東行銷陝豫例由銷鹽省分另徵加價凡蘆鹽運入山西每

觔收加價六文蘆價徵則各不相同雖花小長蘆主在以徵爲禁而例端一開轉滋弊竇况山西鹽蘆皆係貨蘆局兼收此又視同百貨固無鹽法之可言也統計每年蘆價收入蒙花小鹽約共徵蘆四萬五千七百餘兩蒙土花小約共徵加價二萬五千八百餘兩蘆鹽加價約徵四千四百餘兩合之土鹽引稅附加稅歲共十萬一千九百餘兩而蒙鹽一關稅不與焉

蒙鹽設有官局而官辦商包兩無成效

按吉岸停辦以後蒙鹽水運雖經禁止私運之弊固未嘗免光緒九年山西巡撫張之洞奏准蒙陸運除殺虎口外准其由皇甫川對岸之河曲縣渡河登岸不得任意下駛蓋做嘉慶年間侍郎阮元所定舊例水運之禁稍稍弛矣光緒二十年以烏珠穆沁鹽入口日多每年約有五六萬石始於豐鎮廳設官鹽局收買烏蘇鹽發販行銷乃因局員舞弊官本漸虧改爲招商包辦歲繳鹽釐二萬兩然銷鹽不暢歲僅一二萬石鹽少釐重商不能支仍有請歸官辦之議此豐局之情形也光緒二十八年又於包頭鎮設官鹽局收買吉鄂鹽發販行銷包頭鎮在薩拉齊廳西距薩九十里即古高闕塞南臨黃河北倚陰山爲漢蒙貿易最盛之區三十二年復與阿拉善旗訂立合同租用鹽池歲給租銀七千兩自行撈鹽辦理官運郎以包頭鹽局爲官運總局於南海子設立鹽棧南海子在包頭東南十五里黃河北岸凡磴口河西發運鹽觔由棧驗收分別轉運並於包頭上下游酌設分局一曰磴口在甘肅平羅縣境爲吉鹽水運根據地吉蘭泰大池鹽運至磴口約計陸程三百六十里小池二百四十里自磴水運至包頭計程九百六十里一曰小阿善在五原廳西南黃河北岸之南岸爲鄂爾多斯右翼後旗即杭錦旗俗謂小阿善距包頭四百八十里地多鹽產易於水運故於小阿善濱河之處設立局所專賣吉鹽以防鄂鹽東灌一曰河西在五原廳東南距包頭一百八十里鄂鹽至此由局收買就近銷售或轉運包頭一曰河口在包頭下游距包二百四十里爲黑河入黃之處舊例吉鹽水運至此爲界設局之後凡河曲商販購運包頭鹽由局驗票放行一曰歸化距包頭三百六十里距河口一百四十里凡包頭發運之鹽運赴河口轉運歸化由局驗收發販零售各局運本視運道之遠近但以吉池至包頭言之綜其成本約分數項

吉鹽每石重三百五十觔撈鹽工費銀六分八釐自池運至磴口大池鹽運脚銀一兩三錢小池鹽七錢磴口局費銀三錢五分磴口至包頭船脚銀四錢五分池租七千兩按鹽二萬石計算石需租銀三錢三分三釐四毫合計每石成本共銀二兩五錢有奇鹽釐等項不在此內開辦之初獲利雖厚並未解交藩庫及光緒三十四年局員藉圖報銷多採池鹽遞行撈鹽十萬石非獨鹽觔壅滯而運本積壓且至十七八萬兩及宣統三年各局存鹽仍有五六萬石暗中虧折為數亦鉅此又包局之情形也是豐包兩局皆無成效矣則宣統二年始議整理之法劃分蒙鹽口岸定為官運商銷將太汾以西黃河以東五原以南隰州以北擬行吉蘭泰鹽並以鄂爾多斯鹽附之豐寧以南忻代以北擬行烏珠穆沁鹽並以蘇尼特鹽附之平遼兩州暫行蘆鹽其陝西花小鹽嚴加堵緝宣統二年督辦鹽政處以北路鹽務廢弛已久不能不亟加整理於是議運蒙鹽劃分口岸定為官運商銷之法奏准太汾以西黃河以東武川五原以南隰州以北議行吉蘭泰鹽仍於包頭設官運局包頭以南酌設分局另與阿拉善旗訂立合同寬定年限每年加給池租銀三千兩共銀一萬兩鹽船水運援照成案准至磧口起岸鄂爾多斯鹽照舊由局收買與吉鹽一律行銷豐鎮寧遠興和陶林等廳及大同忻代等府州議行烏珠穆沁鹽仍於豐鎮設官運局忻代之間酌設分局與張家口蒙鹽總棧商定價值隨時購運蘇尼特鹽照舊由局收買與烏鹽一律行銷均由官局招商領運飭交押岸銀兩暫時不定引額烏鹽不敷准以吉鹽濟銷其平定遼州以東毗連長蘆引地且與蒙鹽土鹽相隔較遠民間購食蘆鹽久成習慣議行蘆鹽即於正太鐵路附近之平定州設官運局按年借運發商銷售將平遼等處蘆商鹽店全行撤出晉境其各地土鹽查明鍋數分為上中下三等抽收鍋捐祇准歇業不准增鍋熬成鹽觔祇准售於本境不准運銷鄰縣各州縣規費悉予裁革期於逐漸收束將所產土鹽由官收買統歸商銷與官鹽一律辦理太汾兩屬試

銷河東鹽原係疏通積引應與蒙鹽公共行銷若陝西花小鹽應即申明禁令嚴行堵緝不准顆粒入晉以防浸灌規畫既定因於山西省城設立省北鹽務總局由鹽政處度支部湊墊銀十萬兩作爲成本先行試辦旋經山西諮議局建議謂官運蒙鹽道遠價昂斷難暢銷省北蒙土兼銷相安已久若限制土鹽禁其出境設蒙鹽誤運除產土鹽二十八廳州縣外皆將有淡食之虞況鹽地多係鹵薄不堪耕種山陰應州等處尤屬瘠鹵惟賴掃土熬鹽運銷鄰縣以謀生活限禁過嚴生計頓絕勢必弱者轉溝壑強者流爲盜賊收束土鹽未見效果地方治安已滋紛擾應將包頭官運局實力整頓准照舊章運至河曲起岸一面查禁花馬池鹽使無妨礙烏珠穆沁蘇尼特鹽仍用官督商銷法規定稅則聽民販運土鹽產區規定鍋稅責成地方官實徵實解不得絲毫隱匿並將蒙土鹽釐劃一科則嚴剔中飽不必專銷蒙鹽省北鹽務當有起色此其所論主在廓清積弊無庸改法於整理計畫不免阻格宣統三年復由鹽政處派員調查蒙鹽從長計議未幾武昌事起故蒙鹽立岸未及實行惟平遼等處借運蘆鹽於宣統二年實行開辦做照淮南借運例以八百觔爲一引按晉引二百五十觔分爲三引借運長蘆一萬引按合晉引三萬引每引定例商交正課二兩運本二兩五錢每觔另交加價二文辦公經費四文夫以山西北路七十一廳州縣幅員遼闊爲食鹽一大銷場鹽品之錯雜蘆價之參差販運自山任其散漫自非官辦難於統一專主蒙鹽亦多窒礙吉鹽南運水陸程途二千四百里始達磧口包頭以上水勢平穩迨入石河水急灘險鹽船經過在在堪虞道遠費重售價不能過減窒礙者一烏鹽入晉向由豐寧鹽店與蒙民交易多在察哈爾馬王廟距烏珠穆沁鹽池一千六百里距豐鎮二百餘里光緒二十九年直隸張家口設棧收買烏鹽來路漸形減少窒礙者二土鹽產地本係瘠區貧民生計尤宜顧慮窒礙者三故收歸官辦仍當斟量蒙鹽銷數限制土鹽產額酌定中制兩得其平要之北路徒以河東運難遂致歷來辦法未能周妥異日同蒲鐵道路線交通北路情形又一變矣

計畫甫設事未及行故終清之世無所統一要之北路鹽務果能實行官辦酌定中制別

除積弊逐漸經營其亦庶乎可幾而理歟

陝甘沿革

陝甘鹽區蓋禹貢雍州域產鹽之地甘肅居多陝西鹽池惟定邊一處又復錯入靈州界內陝甘情形就產區論當以甘肅爲主就鹽務論當以花馬大小池爲主甘肅鹽產多於陝西茲題爲陝甘者蓋以大池區域隸在陝境地理所關各從主名也甘省東連邠岐西抵青海北邊蒙古西北一隅遠出塞外錯處於新疆蒙古青海之間鹽產所在隨地皆有粵稽漢代鹽法已興漢自武帝元狩四年創行專賣設立鹽官一於隴西郡一於西縣一於三水一於獨樂一於龜茲漢書地理志載隴西郡有鹽官安定郡三水縣上郡獨樂縣龜茲縣並有鹽官以今地理證之漢隴西郡兼有今蘭州鞏昌境郡治所在爲今狄道州例如漳井臯蘭之鹽皆隸隴西郡鹽官三水即今固原州北境獨樂龜茲即今靈州及陝西定邊縣境水經注云隴西西縣漢水所出水北有鹽官在嶓冢山西五十餘里相承營煮不輟味與海鹽同故漢志言西縣有鹽官是則漢時西縣曾設鹽官而今本漢書缺載者蓋脫文也西縣即今西和縣其鹽煮井而成發源最古亦可證矣考其區域悉在黃河東南河西四郡固未及也甘肅一省黃河斜貫其間漢置鹽官爲隴西安定上郡均在黃河東南河西四郡固未設官四漢郡者本匈奴地元狩二年擊降匈奴始置武威酒泉郡元鼎六年析置張掖敦煌郡其地西通西域南隔羌胡時稱斷匈奴右臂謂之河西四郡邊要所在終漢之世未嘗榷鹽三國魏志徐邈傳載魏明帝時邈爲涼州刺史請修武威酒泉鹽池以收敵穀供軍用此乃一時權宜非常法也武威酒泉等郡即今甘涼兩府並肅州安西兩州爲甘肅北路元和郡縣

志載甘州張掖縣北有鹽池其鹽潔白甘美隨月虧盈涼州姑藏縣有武興鹽池眉黛鹽池肅州福祿縣東北有鹽池周回八十里玉門縣北獨登山出鹽鮮白味異常鹽沙州敦煌縣東有鹽池鹽常自生姑藏即今武威福祿即今高臺張掖敦煌玉門等縣今則名稱仍舊皆漢河西四郡地也**逮乎東漢羌戎爲患叛服不常郡縣荒廢鹽利損失**漢自武帝北擊匈奴西逐羌戎羌乃去湟中依西海鹽池左右西海者即今青海也洎元帝時彡姐等七種羌入寇隴西擊降以後邊塞無事者垂數十年王莽之亂諸羌復叛沿及東漢叛服不常後漢書西羌傳載永建四年虞詡上言雍州之域沃野千里又有龜茲鹽池爲民利故武帝及光武築朔方開西河置上郡乘阨阻險軍用饒足今有衆羌內潰郡縣兵荒棄沃壤之饒損自然之利宜復三郡仍如舊制此其所論實於屯田以外注重鹽利迨後三郡雖復然自永和間迄於興平羌種羣起寇患無已龜茲鹽利淪廢可知方輿紀要云龜茲鹽池即今花馬大小池**魏晉以降秦涼二州分而爲西秦爲五涼龜茲等處始沒於前後趙再沒於姚秦旋爲赫連夏所有割據相繼者垂百餘年**按隴西諸郡漢置爲涼州晉分置秦州自晉永寧元年張軌始據河西是爲前涼及太元初併於符秦太元十年呂光復據河西是爲後涼及隆安初又附於姚秦其地遂分而三禿髮烏孤據樂都是爲南涼沮渠蒙遜據張掖是爲北涼李暠據敦煌是爲西涼迨後西涼爲北涼所併南涼爲西秦所併西秦者乞伏國仁據有隴西金城等郡及宋元嘉七年又併於赫連夏赫連夏者初隸姚秦義熙三年赫連勃勃自稱夏國龜茲獨樂等處悉屬焉當宋之時秦涼二州分據於北涼赫連夏元嘉八年北魏滅夏十六年復滅北涼由是諸郡皆爲魏有割據相繼兵連禍結者一百四十年間固無鹽法之可言矣**宋元嘉間北魏强盛併有其地榷鹽之法屢興屢罷迨至隋代鹽遂無稅**按東漢以來羌戎爲患隴西各地鹽利已失晉永嘉後復爲割據時代晉書載姚興議增關津鹽稅其臣以爲不可興謂能踰關梁以通

利皆豪富之家損其有餘俾濟國用何為不可遂行之曰增者則先已有稅不是可割據諸國固嘗徵取鹽利矣北魏鹽法屢興屢廢大概為徵稅制書缺有間雖不可考然以河東證之鹽州鹽池亦可類推鹽州即漢鹽茲等處北魏始置鹽州蓋因鹽池而名南史張暢傳言魏太武南征至彭城饋宋孝武以九種鹽曰各有所宜所云白鹽者即鹽州產也周循魏舊亦行徵稅制隋書食貨志載北周掌鹽一職掌四鹽之政令一曰形鹽掘地而出一曰飴鹽產於西戎百姓取之皆稅焉即今甘肅及河套等處鹽也至隋開鹽池之禁而鹽稅始除矣唐開元間始更檢校鹽課鹽州有烏池白池瓦窑池細項池靈州有溫泉池兩井池長尾池五原池紅桃池回樂池弘靜池會州有河池皆輸米以代鹽詳見新唐書食貨志按志言唐有鹽池十八皆隸度支除蒲州五池安北都護府胡洛池並會州河池外靈鹽兩州鹽池凡十有一均在今甘肅靈州及陝西定邊一帶蓋黃河自塞外入甘肅至此成兩大曲故鹽池獨多以今河道證之河自貴德循化東流至河州折而東北經皋蘭金縣靖遠迤而西至蘆溝堡又東北流出長城折而東南復入長城經中衛縣南又東北流經廣武西城至靈州折而北流經寧夏平羅至東鎮遠關出邊經蒙古阿拉善境至鄂爾多斯右翼後旗西折而東流經烏喇特旗南至山西薩拉齊廳又東南流至山西偏關折而西南至陝西府谷東北境周回曲折幾三千里杜佑通典言河水自靈武郡西南便北流凡千餘里過九原郡乃東流自靈武以北漢人謂之西河自九原以東謂之北河今黃河故道雖有變遷然轉曲之際仍循舊迹積潤千里伏脈地中聚而作鹹浸為鹽池今靈州及河套內外所有鹽池星羅旗布例如花馬大池即唐烏池也元和郡縣志載靈州回樂縣南有溫泉鹽池周迴三十一里懷遠縣有鹽池三所紅桃鹽池色似桃花在縣西武平池在縣西北河池在縣東北鹽州五原有鹽池四所一烏池二白池三細項池四瓦窰池細項瓦窰並廢烏白二池出鹽歸度支收糶與唐志所載互有參差以今地理證之懷遠回樂即今靈州東北境鹽州五原即今靈州東南及定邊北境方輿紀要言花馬池附近

有紅柳池石溝池蓮花池又有馬槽波羅灩泥等池俱產鹽硝靈州境內復有小鹽池與大池皆不假人力自然凝鹽凡此之類按合唐時鹽池未能詳證古今名稱固有相異者矣若會州河池據元和郡縣志謂在會州西一百二十里其地春夏因雨生鹽雨多鹽少雨少鹽多遠望似河故名河池以今地理證之當在靖遠小番縣境

初設判官以主池務貞元中始於烏池置榷稅使

舊唐書食貨志云烏池舊置榷稅使長慶元年勅烏池每年糶鹽收博榷米以一十五萬石爲定額玄宗以前亦有鹽池使景雲二年令蒲州刺史充關內鹽池使此即鹽州鹽池開元十五年兵部尚書蕭嵩除關內鹽池使此是朔方節度常帶鹽使也按唐靈鹽二州隸關內道謂之邊州開元九年始置朔方節度以靈州爲治所鹽夏諸州皆其所轄軍需之資除屯牧外以鹽榷爲大宗故朔方節度兼帶鹽使管理池務設有判官舊唐書李涵傳言朔方節度郭子儀奏涵爲鹽池判官即靈鹽等處鹽池時天寶末年也貞元初鹽州陷於吐番貞元八年收復其地貞元十七年更陷於吐番旋又復之始置烏池榷稅使蓋做河東之例並於靈州設分巡院主管溫泉等池唐制榷鹽其初多徵本色後皆折收鹽錢惟靈鹽會三州輸米代鹽定爲折色緣係邊鎮軍儲所關故變價取米就近收貯便充糧饟也

鹽行本州及邠鄜涇原等處

舊唐書食貨志云元和五年度支奏邠鄜涇原諸州將士請同當處百姓例食烏白兩池鹽又云振武天德兩軍舊食胡洛池鹽自大中四年黨項叛擾饋運不通供軍使請權市白池鹽按唐邠鄜坊州即今陝西邠鄜兩州涇原即今甘肅涇州當時例食烏白池鹽是則行鹽分界自唐已然振武等軍榷市白池鹽必經奏請者此殆借運之例矣又按唐隴右道亦多產鹽皆今甘肅境新唐書地理志載秦州長道縣有鹽渭州漳縣有鹽井長道即今西和漳縣即今隴西縣屬志又載甘涼肅沙諸州皆有鹽池然考之載記鹽法無聞者蓋隴右道西接羌戎南連吐番北鄰突厥內地各州羌種雜處鹽榷雖興有同羈屬天寶之亂吐番入寇乘間侵軼寶應大歷間秦隴甘涼悉爲所陷時自清水以西皆隸吐番榷鹽之利非唐所有迨大中後收復河湟而唐室方微不暇疆理惟成州於貞元五年徙治同

谷西境榷置行州改隸山南西道新唐書食貨志載成州有鹽井隨月督課山南西院領之即今西和鹽井也然自大順以來亦據於藩鎮矣

天復而後靈鹽二州擅於藩鎮按自黃巢亂後唐室益微藩鎮叛命擅取鹽利例如階成等州當景福初爲李茂貞所據其後併於王建靈鹽二州天復間亦附於茂貞五代梁開平三年茂貞將韓遜又以靈鹽附朱溫乾化初爲高行存所據時延州節度高萬興奏言鹽州與吐番黨項犬牙相接又有烏池鹽利戎羌意未嘗息宜取之以防寇患遂於是年收復鹽州然榷鹽之利仍爲藩鎮擅有

五代唐同光間以鹽課虧損始加清理因於慶州置榷鹽務徵收青白鹽稅除正稅外更徵陌鹽沿漢迄周稅則益重且有私抽之弊周廣順三年乃禁絕之按五代之際自唐同光二年始行清理鹽法顆末鹽界多主禁榷行專賣制惟青白池鹽則以産鹺各地番漢雜處但主徵稅五代會要載唐長興四年諸道鹽鐵轉運使奏鹽法條例議定顆末青白等鹽不許界分參雜顆末鹽地界如有青鹽白鹽參雜依洛京條例科斷又載周顯德二年改立鹽法條例議定慶州青白榷稅院原有透稅條例所有驢畜鹽貨一半支與捉獲人充賞其餘一半並納入官依舊一斗以上至三斗杖七十三斗以上至五斗徒一年五斗以上處極刑此私鹽治罪法也至於榷鹽法顆末鹽界分有蠶鹽食鹽等名目青白鹽地則有陌鹽陌鹽者凡公私買賣商民貿易加納陌錢留存於官即唐之除陌猶加稅也舊唐書食貨志載天寶九年勅權鹽以斗量每貫除陌錢二十文又載貞元九年勅陌錢易於生姦法當禁斷新唐書食貨志載德宗時軍用迫蹙稅算除陌舊算二十加爲五十約値爲率民益愁怨是則除陌本唐弊法而五代猶沿用之陌鹽之名蓋昉於此舊五代史食貨志載周廣順三年詔言青白池務向有定規祇自近年頗乖循守比來青鹽一石抽稅錢八百文足陌鹽一斗白鹽一石抽稅錢五百文足陌鹽五升其後青鹽一石抽錢一千鹽一斗訪聞更改以來不便商販番人漢戶求利艱難宜與優饒庶令存濟今後每青鹽一石依舊抽稅錢八百文以八十五爲陌鹽

一斗白鹽一石抽稅錢五百文一陌鹽五升此外不得更有邀求訪聞邊上鎮鋪於番漢市易糶糴私有抽稅今後一切禁絕私抽之弊至是稍革矣文獻通考言青白鹽出靈州烏白池隸慶州榷鹽務慶州即今慶陽府烏白鹽池在其東南五代時例如寧慶涇原秦鳳等處皆行青白鹽而鹽運適中慶州為最故榷務置於其地

宋承周制循而未改及咸平間烏白池鹽淪入西夏由是環慶鄜延等州改行解鹽解鹽味劣而價貴青白鹽味甘而價賤邊民私販莫能禁止解鹽銷路常被侵奪鹽法至此為之一變按青白鹽自唐以來行銷於環慶鄜延等處唐時黨項內附散居西北邊凡鹽夏綏宥環慶鄜延諸境多其黨族帳黨項者西羌之別種也故青白鹽利擅於羌人文獻通考云宋初陝西緣邊舊食烏白池青白鹽西羌擅以為利淳化三年陝西轉運使鄭文寶以李繼遷叛請禁止之許商人販解池鹽可以資國計詔可自陝以西敢私市青白鹽者抵死宋史夏國傳云淳化四年鄭文寶議禁鹽池用困繼遷邊人入寇乃弛其禁黨項傳云淳化四年禁青鹽羌族四十四首領同盟入寇因詔弛禁鄭文寶傳云諸羌部落樹藝殊少但用池鹽與邊民交易穀麥文寶建議以為銀夏之北千里不毛販鹽為命請禁青白鹽許商人販解鹽於陝西官獲其利而戎益困繼遷可不戰而屈詔從其請行之數月犯者益衆遂除其禁是則鹽禁未幾即罷矣咸平五年繼遷陷靈州因取有鹽州地烏白鹽池始為西夏所有於是環慶等州改行解鹽故鹽禁實行當在咸平以後天聖九年元昊嗣立西夏益強疆域日擴東至豐勝西至玉門南臨蕭關北控大漠延袤萬餘里兼有今甘肅甘涼寧夏三府肅州安西兩州陝西榆林一府及蒙古阿拉善鄂爾多斯境例如吉蘭泰池並河套鹽池亦為所有而烏白池鹽逼近陝邊尤易侵入故解鹽銷地必以關防夏私為要宋史夏國傳載慶歷四年元昊納款因定和市之約置榷場於保安軍及高平砦第不通青鹽保安軍隸延鄜路即今延安府保安縣高平砦隸涇原路即今固原州境榷場猶今通商口岸不通青鹽猶今通商條約鹽為違禁物也宋史食貨志載是

時元昊請入青白鹽售縣官歲以十萬石爲限仁宗因其亂法不許文獻通考亦云慶歷中元昊請歲入青白鹽諫官孫甫等言輦運疲勞又並邊民戶嘗謂青鹽價賤味甘故食解鹽者少雖刑不能禁今若許之則並邊番漢盡食青鹽不能禁止解鹽利削陝西財用絀矣乃不許其請然禁法雖嚴私販實未嘗免食貨志載慶歷八年范祥任制置解鹽司以並邊八州軍地近烏白池奸人私以青白鹽入塞侵利犯法乃將八州軍商鹽改官賣而官鹽估貴土人及番部販青白鹽者益多犯禁抵死莫或肯止至和中詔番部犯青白鹽抵死者祇投海島嘉祐中詔遷配從者於近地自是禁法稍寬蓋羌族事畜牧販鹽易穀生計所關勢難禁絕熙寧間种諤議取橫山復鹽宥諸州謂橫山連延千里多馬宜稼且有鹽池之利夏人恃以爲生若能規復則山澤利源盡歸中國而功未克成終宋之世不得志於西夏陝西邊患幾無寧歲非徒鹽法之擾壞也

熙寧間開邊置郡岷鞏所產復爲宋有雖輸鹽課不過視同土鹽祇徵土產稅按蘭岷諸州唐時沒於吐番宋熙寧間開拓邊境取有熙河蘭岷等處置爲熙河路例如蘭州之蘭泉縣鞏州之鹽川砦岷州之長道縣皆係產鹽區域僅銷本處元豐間始徵鹽課祇取土產稅無所謂鹽法也宋史食貨志載元符元年解池被水聽岷州官井鹽及階州石鹽銷於本路蓋北宋之時階岷等州均爲解池行鹽地階州隸秦鳳路石鹽者產於山巖之間亦曰巖鹽太平寰宇記言階州貢石鹽則當時且列貢品矣

南渡初關隴六路盡沒於金惟餘階成岷鳳隸利州路紹興間始將西和鹽井倣蜀鹽例改行鈔法收引稅錢按宋時關隴六路總爲陝西路除永興鄜延爲今陝西地其餘涇原環慶熙河三路及秦鳳路屬之秦階岷成州皆今甘肅境紹興初悉陷於金紹興十一年與金議和劃關爲界於是階成岷鳳仍歸宋有附於利州西路因改岷州爲西和州並將西和鹽井倣照川井之例一律改行鈔鹽先是紹興二年張浚治兵川陝以趙開爲隨軍轉運使總領四川財賦大變鹽法倣東南東北鈔鹽置合同場收引稅錢每引爲鹽百斤斤輸引錢二十

五引錢以外又有土產稅過住稅約共十一錢有奇每引別輸提勘錢六十後又增貼納等錢稅目繁多鹽價頗貴至是推行於西和而每銷路不廣民力已困文獻通考云紹興二十九年詔減西和州賣鹽值之半西和鹽井歲產鹽七十餘萬斤半為官吏之費半銷於西和成鳳州歲得錢七萬緡鹽多地狹每斤為值四百民甚苦之故有減價之令

元時陝甘之鹽聽民自由不辦課程陝西鞏昌延鳳等路任食韋紅池鹽認納解池鹽課名曰乾課歲由陝西運司委員赴池監採鹽斤立法抽分依例發賣定制黃河以西從便食用越境東渡者即以私論按金自天會間取宋陝西路地皇統二年分為東西路置慶原熙秦兩路謂之陝西西路仍沿宋制定為解鹽銷區金史毛碩傳載天德二年碩充陝西轉運司以鞏會道路多險鹽引斤數太重請一引分作三四倖改輕便從之其時鹽州鹽池既隸夏境西和鹽井復為宋有故雖道遠運艱不得不改行銷解鹽之元於太祖二十一年滅夏夏太宗八年取金為秦鞏等州及宋關外祇成四州以甘涼寧夏等處置為甘肅行省以鞏慶蘭秦等處而隸於陝西行省元制陝甘鹽聽民自由販賣鞏慶各境猶依宋金之舊通行解鹽寧夏無課之鹽往往越境侵銷東起環延西至秦鳳私販相習莫可禁約故有乾課之例乾課者准食韋紅鹽仍納解池課即今河東鳳課所由昉也元史食貨志載寧夏所產韋紅池鹽不辦課程除鞏昌等處循例認納乾課從便食用外其池鄰接陝西環州味甘價賤百姓私相販易不能禁止元統以後議由陝西運司每歲遣員赴池監視聽民採取立法抽分照例發賣按解課原額收納鈔錠限定黃河為界自河西任民販運因而夾帶東渡者同私鹽法罪之解鹽仍舊西行不在禁例韋紅鹽以池即今花馬等池是則花馬池鹽與河東鹽法相關由來久矣蓋自元以前甘肅鹽區屢淪異域及元而始併於一鹽法至此又一變矣按甘肅自漢以來土地之權類非一國所有若漢則或隸於羌戎唐則或隸於吐番宋則或隸於西夏產鹽之地或往

任論爲異域及至元代始有甘肅全境而鹽產運銷聽民自由不辦課程者元起漠北甘肅邊州多屬蒙古游牧之所故無引無課殆如清代邊鹽之例明時靈州大小鹽池置鹽課提舉司歲辦小引鹽一萬四千三百三十七引漳縣鹽井歲辦二千五百七十八引西和鹽井六百五十二引明史食貨志云陝西靈州有大小鹽池又有漳縣鹽井西和鹽井洪武時歲辦鹽西和十三萬一千五百斤有奇漳縣五十一萬五千六百斤有奇靈州二百八十六萬七千四百斤有奇弘治時同續文獻通考云洪武二年置靈州鹽課提舉司按明於洪武二年取有寧夏鞏昌等處洪武五年復取甘涼等處均隸陝西行省元時甘肅之鹽皆無引課明則漳縣西和兩處鹽井及靈州鹽池有引有課惟甘涼等衛產鹽仍循元舊不辦課程靈州鹽池即花馬池等明史地理志載靈州南有小鹽池寧夏後衛西有花馬池西北有大鹽池方輿紀要載花馬池周四十三里在寧夏後衛西距定邊營六十里又西北有大鹽池周八十里又西有小鹽池周二十七里三池皆寧夏之衛要明時邊儲多取於此池鹽行鞏昌臨洮慶陽平涼等府明史食貨志云靈州漳縣西和鹽行陝西鞏昌臨洮等府及河州按明時蘭州河州隸臨洮府秦州階州隸鞏昌府寧州隸慶陽府固原隸平涼府皆行漳西及靈州鹽均今甘肅境此其初制也至漢中延鳳各府明初爲河東銷地隆慶以後始改食大小池鹽洪武四年行開中法令商人輸米給以鹽引續文獻通考載洪武四年定例商人於延安慶陽平涼寧夏臨洮鞏昌納米七斗蘭縣四斗靈州六斗並於靈州給鹽一引鞏昌臨洮蘭縣納米一石五斗漳縣一石八斗西和二石並於漳縣西和給鹽一引此洪武初制也其後中鹽則例增減不一率以米值高下爲準正德四年始於陝西行兌支法凡兩淮雲南鹽客商中納不支給不敷者許於陝西兌支陝西鹽支給不敷者許於廣東海北兌支此又開中之變例也正統三年以邊軍缺馬因定納馬中鹽例上馬一匹給鹽百引中馬八

十引成化元年又借西安地方行鹽招商納馬甘肅本產馬地故中馬支鹽多於花馬等池按甘肅自古以產馬著漢唐養馬多在涇渭間說者謂花馬一池本西秦牧地即土治鹽因有花馬之稱唐代而後馬政浸廢由是馬藏民間明初於秦州洮州河州置三茶馬司貿易番地其後易馬之外復行開中招商中馬給以茶引及正統間因倣其例始以靈州等處鹽令商人納馬支給鹽引續文獻通考載正統三年寧夏總兵官史昭以邊軍缺馬而延慶平涼官吏軍民多養馬乃奏請納馬中鹽每上等馬一匹給鹽百引中等馬一匹八十引成化元年又以寧夏備邊馬缺開靈州花馬等池鹽課並借西安地方行鹽招商中馬成化六年寧夏缺馬復以陝西鹽招商中納至嘉靖時吏部侍郎何孟春請以鞏昌等處鹽每引百道招商納銀二十五兩備各邊買馬明史食貨志云中馬之始驗馬乃掣鹽既而納銀於官銀入布政司宗祿屯糧展轉支銷銀盡而馬不至邊儲自此匱矣

弘治間開中法廢準改折銀每鹽一引徵銀二錢五分歲解三邊支用按弘治以來改開中例招商納銀其法始自兩淮推行於各區甘肅每引定例納銀二錢五分專備三邊軍需之用三邊者一曰延綏一曰寧夏一曰固原明自河套淪棄邊鎮多事花馬池地尤為衝要套寇往往闌入南擾則禍在慶環西掠則患在平固西北則瞰靈州阻寧夏由延綏定邊營至寧夏橫城堡橫亙四百餘里川原平曠無山谷之險實以固原為堂奧而寧夏與延綏並為藩籬花馬池正其門戶也故自正統以後特設重兵分護其地謂之防秋軍需所資多仰鹽利靈州課入專備三邊買馬漳西鹽課俱由隴右道監理徵收歲終解送花馬池營管糧衙門防秋兵馬支用

嘉靖八年以宗藩祿糧增加靈州鹽額共增五萬六千餘引照例徵課備給宗祿嘉靖十四年復將小池加引改備邊餉續文獻通考云嘉靖八年陝西巡撫寇天敘奏韓府宗支繁衍歲祿積負無所取給請將靈州鹽課自嘉靖九年為始大池歲增三萬三千六百二十六引小

池歲增二萬二千四百一十七引照例納銀專備邊買馬一如故明會典云嘉靖八年議准靈州大小池增加鹽引歲增原課銀一萬九千六百一十五兩送平涼府收貯備給祿糧嘉靖十四年題准小池鹽原額三千一百零五引專供花馬池一帶修邊支用其加增鹽引招商納銀以備三邊輸流買馬或解濟軍餉自後課則遞加靈州每引為銀五錢二分按明初開中輸米中鹽靈州漳西科則各異其後改納銀兩每引皆以二錢五分為則明會典載嘉靖三十四年奏准陝西地方每鹽二百斤為一引收課銀四錢五分漳鹽每引搭配西鹽二分隆慶五年題准花馬池大小二池引鹽每引照鹽四倍河東介各商報納每引增課一錢二分臥引一錢二分西路另徵斗引底銀一錢五分郡國利病書載花馬等池原設批驗所二一在固原一在慶陽弘德墢主驗放鹽引嗣於靜涇二州立廠市收課以備賑濟弘治十四年總制秦紘移廠市於固原固原兵備主其課引銀移批驗所於慶陽慶陽兵備主其割引銀以備邊用固原立五鹽廠每廠五百引置老人斗行每車收門鹽一斗五升石收票銀五釐貯存州庫備給軍需批驗所每引收臥引銀一錢二分以備買馬斗行又納公用銀十八兩嘉靖二十八年又增斗底牙銀一錢五分斗行過取斗底而豪猾為斗行倍收私放商民乃受病焉此其所論僅屬固原慶陽是則靈州池鹽徵課情形已不一律漳西課例與靈州異又可知矣隆慶四年以延安漢中二府距河東遠改食大池鹽萬歷四十一年更將鳳翔一府改食小池鹽銷區既廣課額日增鳳翔府屬雖食靈州池鹽仍納河東引課按陝西延安漢中邠鳳等屬原係河東行鹽地道遠運艱民間多販靈州池鹽隆慶時因將延安漢中兩府改食靈州大池萬歷末又以鳳翔府屬靈私易越解鹽難行改食靈州小池惟延漢鹽引改歸靈州鳳屬引額仍在河東領引納課鳳課之例蓋始於此當時靈州漳西歲辦鹽額共為六萬二千六百八十餘引歲解餉銀三萬六千餘兩

課款奏報均隸河東較之元制又一變矣明史食貨志載萬曆時漳縣西和鹽井靈州鹽池歲共辦鹽千二百五十三萬七千六百餘斤歲解寧夏延綏固原餉銀三萬六千餘兩按明制陝甘行鹽照河東例每二百斤爲鹽一引萬歷間漳西靈州共辦鹽額爲六萬二千六百八十八引有奇要以靈州大小池居其多數迨及明末李自成肇亂洮河靈州一帶首被蹂躪池廢工散鳳郊等處改食陝西土鹽斯又當日權宜之計也清初依明之舊順治五年後始將引課實行規定按順治二年始定甘肅沿明舊例仍陝甘爲一省惟時甘涼等處回民屢叛併臨洮鞏慶悉被其擾順治五年叛回既平而定邊軍民相繼作亂蒙古鄂爾多斯復據賀蘭山叛服不常故治陝甘鹽務未遑治理順治五年以後兵事稍息始定大池引課及八九年復將小池並漳西引課漸次規定花馬大小池漳縣西和歲共行鹽九萬三千九百引清會典載順治五年定花馬大池行鹽三萬五千引內延鄜等處一萬引漢中府屬二萬五千引順治八年題准花馬小池行鹽五萬五千四百四十一引順治九年題准漳縣行鹽二千八百零一引西和縣行鹽六百五十九引大池每引徵課銀一錢五分其行漢中府者每引徵銀八分小池每引徵銀一錢一分五釐五毫漳縣每引徵銀一兩一錢三釐五毫西和每引徵銀五錢八分五毫詳見清會典每引配鹽一百七十八斤至二百斤不等清會典載漳縣每引一百七十八斤五兩花馬大小池每引二百斤西和每引二百斤零四兩行鹽之地大池鹽行漢中延鄜小池行平慶寧夏漳縣西和行蘭鞏秦階清會典載陝西花馬大池鹽行漢中府延安府鄜州及綏德州屬之清澗縣甘肅靈州小池鹽行平涼府慶陽府寧夏府漳縣西和鹽行蘭州府鞏昌府秦州階州按乾隆以來平涼府屬之涇州固原二州升爲直隸州並於固原州屬增置平遠海

城二縣花馬大小池及漳西鹽凡行陝西者四府州行甘肅者九府州共領六十五廳州縣至陝西鳳翔邠州所屬雖食花馬池鹽仍銷河東之引不在其列於

鹽場惠安兩堡設場大使主管池務漳西鹽井則由地方官兼管清初依明舊制於花馬大小池均設場大使以理場務漳西鹽井不設場官均由地方官兼管鹽場堡爲大池場所惠安堡爲小池場所鹽場堡在陝西定邊縣西北惠安堡在甘肅靈州東南清會典載雍正二年議准靖邊廳經管鹽場三堡鹽務鹽場大使亦歸管轄靖邊縣丞兼管甎井鹽場二堡鹽務稽查私販乾隆三十二年裁甘肅惠安堡鹽大使將場務事宜改歸靈州同管理自是大小池亦由地方官兼管如漳西之例

督徵課項隸於各道仍由河東兼轄明制陝甘鹽課悉由地方官經徵督徵之責隸於道府清初仍依其例惟慶陽府屬於順治八年設鹽課同知專理課務康熙二十二年改鹽課同知爲捕盜同知自是慶陽屬課款亦由地方官經徵清會典載康熙四十年題准花馬小池產鹽在寧夏地方其平涼慶陽二府十五州縣並固原州四營堡行鹽辦課奏銷考成改歸平慶道寧夏二十九營堡仍屬寧夏道管理乾隆二十九年裁陝西驛鹽道改設鳳邠道兼管鹽法其延安漢中府屬由延榆綏道及漢中府兼管蓋陝甘鹽務與各區情形固不同也

順治十三年籌備兵餉花馬大小池共增一萬四百引康熙間計丁加額漳縣西和共增一千七百八十八引清會典載順治十三年題准增大池四千四百引小池六千引康熙三十年題准甘肅隴寧秦清禮洮靖七廳州縣計丁加九百四十三引二十年題准階文徽三州縣計丁加八百四十五引均照例徵課按順康年間三次加引共較原額大池共爲三萬九千四百引小池共爲六萬一千四百四十引漳縣共爲三千六百二十二引西和共爲一千六百二十六引是則漳縣所加凡八百二十一引西和凡九百六十七引

康熙十九年又以軍需不足量增鹽課將大小池及漳西鹽每引加徵課銀七分

旋將大池每引復增課銀三分康熙二十一年議定小池照大池例增銀三分詳見清會典按加課以後大池每引徵銀二錢五分六釐其行漢中府者每引徵銀一錢八分小池每引徵銀二錢一分五釐五毫漳縣每引徵銀一兩一錢七分三釐五毫西和每引徵銀六錢五分五毫又按康熙十五年議准大小池並漳西鹽每引加徵課銀五分至二十四年復議停徵附著於此以備證焉自是歲行鹽額共爲十萬六千八十八引應徵正課銀二萬六千九百餘兩鳳引鳳課不預焉按康熙年間陝甘課額花馬大池歲共徵銀八千一百八十餘兩內延安等處三千六百八十六兩有奇漢中府屬四千五百兩小池歲共徵銀一萬三千二百四十兩有奇漳縣歲徵四千二百五十兩有奇西和歲徵一千五十七兩有奇至鳳翔一府依明舊例食小池鹽仍領河東之引名曰鹽稅引一歲頒額引一萬六千三百道該納正課銀六千四百八十兩四錢由鳳翔府知府督催各州縣經徵鹽課解交河東所謂鳳課也先是順治十二年河東巡鹽御史朱紱疏稱鳳翔一府原係河東行鹽地明季改食花馬小池無如鳳翔距小池遠距河東近舍近就遠且令鳳民包納河東引課請仍行解鹽以釋民累部議謂課額無缺不必紛更康熙十二年河東御史何元英復以鳳屬有課無鹽疏稱鳳翔自明萬歷間改食靈鹽小民便於食私因而賠引課以康熙七年招商往運方知靈州並無擊鹽運鳳之事應請行銷解鹽部議照舊銷河東引不食河東之鹽此則順康時會有改食河東之議均經部駁蓋鳳翔府屬毗連甘邊接近花鹽引地明時立法准食小池鹽仍領河東引主在化私爲官若禁花鹽而食解池則花私侵越實難杜絕矣康熙二十九年以甘肅各處距河東遠徵收課款不便兼轄改令甘肅巡撫就近管理惟陝西延漢所屬隸於河東清文獻通考載順治二年河東巡鹽御史劉令尹疏稱臨洮鞏昌原食漳縣西和鹽請歸甘肅巡按從之又載康熙二十九年河東御史索禮疏稱花馬小池鹽並臨鞏

二府鹽課去河東遠不便徵收請令甘肅巡撫就近管轄徵課從之按明制甘肅鹽課均歸河東兼轄清初因臨鞏等處與河東相距二千餘里徵收課款由甘肅巡按管理其後按臣停差照明舊例歸河東兼轄康熙二十九年部議漳西並花馬小池鹽課若令河東御史兼管文移往返四千餘里必致遲滯應如御史索禮所題改令甘肅巡撫管轄徵課每年另冊奏報其延安漢中二府行大池鹽徵課一切仍由河東兼轄鹽務行政自此始變又按臨洮即今蘭州府乾隆三年始改臨洮為蘭州茲附證焉

榆綏土鹽按鍋收稅另置票張聽民自售

按榆綏土鹽由來已久金史食貨志載興定二年延安行六部員外郎盧進建言綏德之嗣武城義合克戎寨近河地多產鹽請設鹽場管勾一員歲獲十三萬餘斤可輸錢二萬貫以佐軍三年詔用其言設官煮鹽以給邊用嗣武城在今米脂縣西北義合寨在今綏德州東克戎寨在今綏德州西北是則金時曾設鹽官矣續文獻通考載洪武三年戶部言察罕腦兒有大小鹽池請設鹽課提舉司專司煎辦募商入粟中鹽粟不足則以金銀布帛馬驢牛羊之類驗値徵之察罕腦兒即今榆林縣境是則明初亦設鹽官矣明時煎辦鹽斤招商開中後以鹽官裁撤遂由地方官兼理按鍋徵稅置票行鹽清初仍做其例清會典載康熙二年題准綏德米脂魚河三屬置票二萬六百六十四張嚴銷鍋稅乾隆五十九年議准陝西榆林縣所屬之永樂倉馬湖峪並綏德州之三眼泉等處鹽池均係竈戶祖業相承其中界址各有一定應令照舊管業不必官為經理過有典賣報明地方官立案查考永樂倉馬湖峪魚河堡皆在榆林縣南與米脂縣接界三眼泉在綏德州南俱係產鹽之地向按鍋面徵取鹽稅蓋寓鹽課於鍋稅之例猶淮浙等區所謂竈課也其鹽由煮而成謂之小鹽僅銷本處每票行鹽一百斤現今歲徵稅額榆林縣計銀七百九十一兩二錢六分九釐綏德州計銀三百三十三兩八錢五分一釐米脂縣計銀一百七十一兩三錢六分又永樂倉缺額鹽課由懷遠神木府谷等縣徵收名曰幫課懷遠縣計銀七十九兩二錢六分三釐神木縣計銀二百五十七兩二錢七分八釐府谷縣計銀一百一十二兩一錢四分八釐悉由三縣收買蒙鹽舖戶完納統計額徵並幫課共銀

一千七百四十五兩二錢六分九釐若以鍋面計之例如米脂縣每一鹽鍋徵銀一兩四錢四分要之榆綏一帶附近黃河產鹽之處隨地多有惟榆林一縣屬上下鹽灣所有灘地較爲整聚焉

陝甘行鹽類皆土商而平慶一帶更有無引私鹽侵占銷額商疲課虧每致賠累雍正初因將甘肅鹽課改歸地丁攤徵甘肅產鹽之處例如甘涼肅安等府州均在黃河以西無引無課聽民自由其河東鹽產有引有課者惟花馬小池及漳西鹽井若靖遠寧夏等處鹽池皆無引課靖遠以妨礙官鹽嚴爲封禁私取之弊終未嘗絕寧夏鹽池附近郡城向以優待邊民任其自取頗爲官鹽之累而階州之崖鹽成州之土鹽產數雖少亦侵銷額矧環慶一帶尤多蒙私甘省地瘠民貧河東爲甚運鹽辦課率皆土商承銷州縣鹽有定引課有定限私鹽既盛官引自滯商力本薄益致疲敝雍正初年籌議變通將甘肅鹽課攤歸地丁徵收鹽由民間自運其陝西延漢府屬仍如舊制並將陝西漢中府屬改食花馬小池鹽清會典載雍正二年題准陝西漢中府屬向食花馬大池鹽自雍正三年爲始改食花馬小池鹽雍正十二年覆准漢中府屬改食小池後空截引角不能實運實銷令仍食花馬大池鹽其小池歲產餘鹽六千石每歲給六千引歸平涼慶陽寧夏三府所屬州縣商人行鹽辦課按漢中府屬食小池鹽僅行九年仍改大池將小池餘鹽引額歸入平慶等府行銷自是小池額課歲共增銀一千二百九十三兩雍正九年以按糧攤徵轉滋弊竇仍照舊制招商辦課按鹽課攤歸地丁本屬權宜原非經久之計引額多寡按銷鹽之暢滯爲分配之標準並未按照地畝通都大邑則多山僻小邑則少非通都大邑之民食鹽多於山僻小邑也行鹽雖有地界而四達之衢銷鹽多故配引多山僻之邑銷鹽少故配引少以甘肅當日引額論之例如平涼一府銷引三萬三千二百七十道固原一處銷引爲一萬二千四十道已占三分之一靜寧平涼隆德莊浪鹽茶華亭六處僅居三分之二固原地方四通八達可以融銷他處故也以甘肅當日地丁論之例如鹽茶廳地丁銀爲

六千五十七兩二錢八分七釐固原州地丁銀爲一萬一千八百一十二兩一錢一釐攤徵課項例如正課之外又有紙價及官吏飯食諸費鹽茶廳課費銀爲五百三十六兩七錢六分四釐八毫較之地丁幾及十分之一固原州課費銀爲三千一百九十三兩八釐較之地丁則及十分之三苦樂已不能均況又令力田之民代商完課耶雍正九年平涼府以按糧攤課室礙難行詳請依舊招商辦課運鹽經甘肅巡撫題奏覆准雍正十二年以漢中府屬改食花馬小池未能實運實銷照舊改食大池將小池歲產餘鹽另給六千引歸入平慶寧夏三府銷售按陝西漢中府西連階秦南鄰廣漢北界鳳翔地處萬山之中運道艱阻僅通負販該處食鹽有自花馬大池經鳳翔運入者有自花馬小池經平涼階秦運入者而甘肅西和鹽川北南閬鹽亦由川甘邊界運入是漢中各屬名爲花鹽引地究非專銷花鹽所設土商向不持引辦運皆係小販到境抽錢抽鹽謂之抽鹽辦課課項交足即將官引截角繳銷謂之空截引角雖有商運之名並無商運之實雍正二年改食小池仍復不能實運雍正十二年甘肅巡撫題請依舊改食大池戶部議令如何實銷照例截角妥議題覆於乾隆元年會同陝甘總督河東鹽政具題謂漢中窵遠不得不賴小販以濟民食實運實銷勢所難行若課項有虧民食有誤自當責以實運今既兩無違礙仍應照舊空截引角毋庸更張經部覆准甘肅地瘠民貧商運雖復虧累不免及乾嘉間又將鹽課攤入地丁甘省自雍正九年廢除民運更行招商原以課歸地丁流弊滋起不得不規復舊制而商本薄弱仍多賠累乾隆年間酌量情形將涇州鹽課攤入地丁平涼各屬或由官自辦運皆係權宜行之非常法也迨嘉慶初積弊益甚官民交困陝甘總督松筠籌議變法擬一律改歸地丁蘭州知府龔景瀚條陳利弊謂按糧攤課弊端實多使其無弊則雍正九年何以忽改招商是當日之弊已不勝言甘省鹽課歲不過二萬四百有零而官民反受累者則立法之未善也就某所歷數任言之中衛鳴沙八堡商則挨戶輪充課則按戶幫派奸頑抗欠官

爲賠墊良善拖累或至重科其害半在官而半在民平涼無充商之戶官或自行運鹽而衙途四達私鹽充斥勢不可行旋亦中止歲歲官爲賠累其害專在於官固原以富戶四五人朋充三年一換課項雖無逋欠而充商者多至賠累有力之家百計營免胥吏鄉保皆得高下其手每當點換一州騷然其害又專在於民以三州縣推之餘可概見大約非累官則累民官累必及於民民累亦必及於官實爲兩弊之道現在商力既疲議欲歸丁以甦其困不知課歸地丁足救目前之急固非久遠之計變法之初各州縣如釋重負無不樂從行之數年其弊立見再思變法勢必有所難行何如愼之於始也若涇州鹽課早歸地丁自乾隆四十七年以來官之賠墊者每年或千餘兩或數百兩不等其名雖不累官實則不免於賠況官必嚴刑苦比無可如何然後甘心代之賠墊而民已不堪矣甘省產區本不止花馬小池査小池每年額引六萬七千四百四十道額課一萬四千五百三十三兩三錢二分每引一道配鹽一石應徵課銀二錢一分五釐五毫加公用紙價雜費銀四分九釐七毫計鹽一石爲銀二錢六分五釐二毫宜專責之鹽捕廳就池立局每石抽稅銀二錢七分官吏飯食雜費皆出其中已屬有餘一稅之後不論富商大賈貧民小販聽其隨地銷售計鹽一斤抽稅銀二釐有餘今平涼固原等處鹽價每斤十餘文至二十文不等除扣工本得利甚多人自樂爲脚販日廣鹽價日賤無攤派之擾無追呼之煩無逋欠之憂無賠墊之累比之歸丁上不斷國下不病民良法美意莫善於此從前商疲引積由於私鹽過盛官鹽壅滯若行此法則透漏無從私鹽盡屬官鹽每歲稅入必不止於萬餘兩河西產鹽亦復不少應令各廳州縣通行査明除煮土爲鹽所得有限聽民自取外其餘有鹽池者皆設局收稅以通省之鹽供通省之食即抽通省之稅以完通省之額甘省鹽課必有盈而無絀此其所論主在就場徵稅嘉慶五年甘肅按察使姜開陽採取其說據以入奏然其時河東鹽務已改歸丁故徵稅之說說未能議行甘肅鹽課攤入地丁遂爲永制矣

時河東鹽務已改歸丁陝西延漢等五府州均於乾隆五十八年一併照改清會典載乾隆五十八年奏准陝西西安等七府州屬向食河東池鹽自

五十七年河東課歸地丁該七府州屬鹽課銀兩改歸地丁項下攤徵鹽聽民運延安等五府州屬因不食河東鹽未經議及今河東業已裁改該五府州屬引課奏銷未便仍循其舊一併改歸地丁攤徵五十九年議准延安等屬向食花馬池鹽歲額鹽引共三萬九千四百道由延榆綏道並漢中府赴部領繳今課歸地丁鹽聽民運所有每年行鹽部引毋庸再領紙價銀兩免其交納又議准陝西地方全係民運無論土鹽蒙古鹽及花馬河東池鹽悉聽民人到處運賣並無禁私之地即有就近買食土鹽蒙古之類並有外來鹽販闌入者均不許禁阻亦不准私收稅錢惟甘肅四川湖廣三省與陝西之鳳漢商邠等屬連界之處應令各地方官留心查緝毋許越界偷販按課歸地丁本非良法其例實開於甘肅乾隆五十七年河東以鹽務疲敝改行歸丁課惟時甘肅復商已久歸丁地方僅止涇州及五乾隆五十八年陝西延漢等處均照河東之例故嘉慶初年甘肅鞏慶等處亦照河東辦理自是陝甘鹽務全係民運嘉慶十一年河東復商延漢等五府州亦即倣行按陝西一省凡有七府五州例如西安府同州府興安府商州乾州皆食河東鹽鳳翔府邠州食花馬池鹽仍須河東引延安府漢中府鄜州則為花馬大池引地榆林府綏德州則食本處土鹽然以河東關係延安等五府州鹽法改變每照西安等七府州之例嘉慶十一年河東改復商運依舊給引延漢等處一併復商甘肅鹽課歸丁攤納仍如舊制嘉慶十四年以漢中府屬商販不安乃將土商裁撤歲徵課銀按里攤納清會典載嘉慶十四年奏准陝西漢中府二廳一州八縣原設土商一概裁撤額引二萬五千道毋庸給發每年應徵課銀三千七百五十兩按里攤納按漢中一府自清初以來運銷鹽斤皆係小販雖設土商不過抽鹽辦課實未持引運鹽留壩定遠兩廳向無鹽課南鄭等九州縣共設額引二萬五千道當康熙間定例每引徵銀一錢八分歲徵四千五百兩其後酌減三分歲減課銀七百五十兩康熙三十三年洋縣以土商抽課苛勒小販議定由各里攤納西鄉一縣亦倣其例乾隆二年南鄭寧羌等七州縣以洋縣西鄉不設土商民情稱便照例倣行自此漢中鹽務

統歸一律抽課之法遂以廢止乾隆末課歸地丁議准停引嘉慶十二年改復商運又設一土商抽鹽辦課漢中本無般實大商充商者率多市儈苛索販戶在所不免即或公平抽收而肩挑背負之人獲利無幾每遇抽課輒起爭端矧漢中鹽引並非商運商銷贅設土商坐分鹽利累民滋事徒開弊竇嘉慶十四年陝西巡撫題請比照鳳翔裁商攤課並以漢中運鹽向不憑引空載引角原同虛設應即停發引張俾歸簡易經部覆准又按鳳翔定制舊食花馬小池引鹽課由土商抽辦弊與漢中相同嘉慶十三年改食大池裁去土商按里攤課蓋倣乾隆年間漢中之例按漢里者陝西完納田賦係歸里長催交故攤納鹽課亦責里長按戶催收此與歸丁辦法名異而實同也

嘉慶十六年又以興安府屬毗連漢中私販侵越有礙河東官引倣照鳳翔改食花馬大池鹽攤課領引均如鳳翔之例清會典載嘉慶十六年奏准陝西興安一府照鳳翔府例改食花馬大池鹽聽民運銷所有應徵鹽課紙價餘平等銀一千九百七十七兩零亦照鳳翔府例在地丁銀內攤徵每年應銷餘引四千八百一十道仍赴河東道照舊領繳應徵公務官錢等銀一千六百五十三兩零一體減免按興安府屬東界鄖陽南接夔州而石泉一縣漢陰一廳則與漢中府屬之西鄉緊相毗連與府七屬本係河東引地運銷鹽斤必由商州鎮安等處山路崎嶇道遠費重從前漢中鹽價貴於興安又以運道艱阻若由漢中陸運赴興大山重亘運本愈增若由漢江水運必經黃金峽峽內灘流迅急舟行最險重船向不敢行尚無大宗私鹽停引以後鹽價漸賤漢中鹽販往往偷越西鄉地界實於興安官引有礙故嘉慶十六年比照鳳翔例案將興安府屬改食花馬大池仍依河東課額歸丁攤納

嘉慶十八年延鄜所屬裁商攤課亦如漢中之例按陝西延安西北一帶緊接蒙古鄂爾多斯及甘肅靈州河套私鹽往往侵越定邊縣境又有蘆花爛泥等池無引無課任民採取西自慶陽南至鄜州多食其鹽實為大池之累嘉慶十八年以漢中鹽課權法悉改惟延鄜各屬未經議及因將延安府鄜州之並綏德州屬之清澗縣照漢中例裁去土商應徵課

銀按里攤徵額引一萬四千四百道亦即停發自此陝西鹽務始歸劃一自是陝西鹽引俱行停領惟甘肅照舊領繳辦法雖異攤課則同蓋雍乾以來陝甘鹽務屢改屢變及此而引岸盡廢悉聽民運矣陝甘鹽務自雍正初迄嘉慶間八十餘年法制屢變一變爲歸丁再變爲復商旋又節次改行歸丁陝甘情形與東南異拘定引岸勢所難行故籌議者無不以攤課爲便究之商運無課之鹽民納無鹽之課厚於商販薄於貧民立法固未善也以陝西言之延漢各屬均行花馬大池鹽之課則本輕每地丁銀一兩攤課不過數釐民糧一石攤課不過數分屯糧一石攤課亦不過數釐以甘肅言之漳西引地課則本重花馬小池課則較輕每地丁銀一兩攤課自六釐至一錢五分不等民糧一石攤課自六釐至一分不等皆就課額之輕重比較民糧之多寡按合原課酌量攤收故各處科則不能相同然延漢等處鹽引停發甘肅依舊給領清會典載道光九年覆准鞏昌府屬之漳縣改爲隴西縣丞所有領引繳引均歸隴西縣丞經管又定甘省花馬小池及隴西西和鹽引歲額七萬二千六百八十八道按地搭配行銷課已攤徵鹽係民運猶復照例領引按引行鹽則以甘省私鹽多於陝西故未議停引目此又辦理之異也若陝西鳳興邠三府州原領河東之引不行河東之鹽謂之鹽稅引鳳興兩府共十四州縣領引三千八百四十七道食花馬大池鹽之邠州並所屬三縣領引三千八百四十七道食花馬小池鹽十課已攤徵而各州縣解交課款仍將引張空領空繳咸豐四年議定瀧課改解陝西交存藩庫始將河東鹽稅引一概停領由是陝西一省除西同商乾四府州爲河東引地其餘八府州俱不用引聽民運銷民運既行鹽禁遂弛蒙古鹽斤漫無稽查咸豐八年始議招商承銷抽收商稅准其進口運銷甘境及陝西漢南一帶甘省東北邊境毗連蒙古民間販食蒙鹽相習已久本無禁例嘉慶間蘭州知府龔景瀚條論甘肅鹽務言中衛邊外有大小鹽池爲阿拉善旗所轄其鹽潔白堅好內地之民多喜食之私販者衆一路自

中衛渡河經平涼府界入隴州鳳翔以達漢中一路自大靖堡裴家營經皋蘭界入鞏昌秦階以達漢中一路自鎮番柳林湖至甘涼一帶通計甘肅全省食花馬小池鹽者僅止十分之二食各縣私池鹽者十分之一食蒙鹽者約有十分之七陝西亦居其半阿拉善王但於兩池收稅不論蒙古漢人聽其轉運內地官鹽因之甕積應分沿邊州縣於各隘口設局收稅每鹽一駝納銀若干以所載之多少爲稅則之輕重蒙古所收者池稅內地所收者過稅既於蒙旗無礙又易私販爲官販誠屬兩便之道按察使姜開陽據以入奏謂蒙鹽私販十百成羣持挺格鬬久非國法之所能禁不若明開其禁照內地稅額減半收稅另給稅票准其運銷時值河東正行歸丁蒙鹽運赴晉陝亦不禁阻故事未議行嘉慶十一年設立吉岸規定額引並將陝西延安府屬之宜川延川兩縣綏德州屬之清澗一縣改爲吉蘭泰池引地辦理鹽務由甘肅寧夏道就近兼管蒙古鹽產雖不止吉池一處要以吉產爲最旺自是有引有課便於稽察嘉慶十七年吉岸既廢又值陝甘鹽課攤入地丁蒙鹽內運仍無限制不能不徵取鹽稅清會典載咸豐八年陝甘總督奏言甘肅蒙古地方向產土鹽各處商民任便運販從未徵收稅課茲擬招商承銷明定章程酌收商稅每百斤收稅銀八分並抽釐銀八分准其進口由一條山五方寺至皋蘭靖遠條城經安定會寧隴西寧遠秦州轉運漢南一帶不准私續小路侵銷別境達者倍罰部議題准所收稅釐銀兩即由陝甘總督按季報部蒙鹽徵稅蓋始於此歲銷鹽額約收稅釐銀一萬六千兩

自是甘肅復歸商辦陝西仍舊民運甘肅鹽務自攤課後聽民自運自銷所有額引仍由各州縣照例領繳按額搭配與陝西停引辦法本不相同咸豐八年議准蒙鹽抽稅招商承辦因將甘肅鹽引一併改由商運頒發部帖謂之鹽帖商人各於所在地先行具呈地方官加給印結詳請咨領豫交捐輸帖本銀兩凡繁盛之區領帖一張納捐輸銀一千兩偏僻之區納捐輸七百兩帖本銀均納一錢此其立法蓋做商行牙帖之例嗣又徵取常年帖稅繁盛之區每帖納常年稅五兩偏僻之區納常年稅三兩回亂以後各商逃散所頒鹽帖陸續注銷迨至光緒五年間惟秦州存有鹽帖二張隴西縣丞一張光緒二十七年每帖增加

常年稅五南宣統二年辦理統捐招商包運改由統捐總局發給執照並不領帖歲徵帖稅銀祇三十兩

同治初回匪構禍陝甘各地蹂躪幾徧陝甘地方自關以西盡涇渭南北自隴以西則盡河湟北屬玉門回民種族所在皆是陝省漢多於回甘省回多於漢陝西渭湳一帶回漢滋事械鬬成習縣官辦理未能持平相沿既久仇結益深迨咸豐時東南用兵渭南回民乘間肇亂由秦竄隴煽動同族及同治初甘回蠢起全省蹂躪河東各屬較之河西受害尤甚固皆花馬小池及漳西行鹽地也同治十年始克肅清鹽利損失已八九年矣鹽運梗阻商逃課懸蒙鹽課稅積欠至十五萬餘兩同治十年甘回平定同治十二年始行清理鹽務將新舊欠款全行豁免甘省自咸豐八年招商辦運酌收鹽稅當初立法未能盡善同治元年虧欠稅項已有二萬餘兩陝甘總督奏請緩追嗣遭回亂寧夏所屬例如平羅靈州中衛要皆同匪麕聚之處蒙鹽運道節節梗塞及同治十一年商稅積欠遂至十五萬餘兩陝甘總督左宗棠飭將一條山五方寺商產變價充公收銀二萬五千七百兩復變存鹽得價三千兩除抵償外尚虧十三萬兩有奇當以兵燹之餘奏請豁免經部覆准另招新商加抽鹽釐設立局所一於靖遠縣一條山一於寧夏府中衛縣凡此二局專理蒙鹽咸豐年間定例蒙鹽入口專運一條山轉赴鞏秦及漢南一帶每鹽百斤共收稅釐銀一錢六分給脚費銀三錢六分不准蒙民漢回私相買賣歲約銷鹽一千五六百萬斤稅入歲額祇有一萬六千兩漏稅之弊已可概見回亂平後改稅爲釐以蘭鞏各屬鹽運悉歸一條山於此設局兼司掣驗又以漏稅之鹽多由中衛私運轉赴平涼隴鳳等處因於中衛設局抽釐凡蒙鹽內運除按照舊例每百斤收稅一錢六分外每鹽一斤加抽釐錢五文自此蒙駝到處銷售漢民回民得以直接蒙一池販運分銷越弊甚焉亦內地之鹽向有引課者改課爲釐漳縣鹽井設局專辦隴西分縣轄境本漳縣地城南五里

有鹽井鎮爲產鹽之所於此設局專辦抽釐每鹽一斤收釐錢十三文

西和鹽井靈州花馬小池均歸地方官兼理

西和鹽井舊用磚石砌隔爲二其西南一角水味甚淡向稱無用東北角出鹽水鹹質甚濃每井水一筒約重二十八斤熬鹽一斤水額設水夫二百名額外六十餘名分爲八牌特設牌頭二名官置水桶五隻每日分派水夫二十六人輪流汲水自卯至申水涸而止所汲之水按照鹽戶資本多寡分別給散熬鹽之法先將淨土裝入竹皮竽內再將鹽水灌入令水從土內浸出然後入鍋每鍋容水八筒熬鹽八斤其鹽味佳而滋不能成塊俗曰水鹽是時改課爲釐就井抽收定例每日額繳錢一十一千七百文用水一千三百筒熬鹽一千三百斤按斤核數每鹽一斤計收釐錢九文然每日汲水實有二千餘筒除照額納釐外所得餘鹽作爲司事牌頭及水夫薪食之用若花馬小池產鹽地段周圍四十餘里南北長十六七里東西廣五六里有井八眼舊例於每年二月招集鹽夫四百餘名灌畦曬鹽如遇南風畦面積鹽約二寸許偶遇北風竟無顆粒曬鹽情形畧與河東相似甘鹽產額要以此處爲最多池在靈州惠安堡西南故亦名惠鹽改釐以後就池抽收定例每鹽一斗重五十斤收釐錢四十文帶收鹽夫口食錢五十文鹽斤發運每駝載鹽五斗另收稅錢三百六十文凡此二處皆未設局仍照舊制漳井歸隴西縣丞經理花馬小池歸惠安堡鹽捕通判經理均由釐金總局加給委札飭令兼抽鹽釐

向無引課者若臯蘭縣屬白墩子池舊有土鹽稅額併入釐金收納

白墩子池在臯蘭縣東北爲紅水縣丞所轄鹽池面積周圍約五十餘里東南錯入靖遠縣境北則緊接邊牆至蒙古界僅十餘里內外小池三百餘區製鹽之法以池瀦之水須待烈日曝曬八九日水涸結鹽如冰厚約寸許每逢大雨復化爲水故鹽產之歉旺恆視雨暘爲轉移蘭州府屬除靖遠一縣舊爲花馬小池引地其餘臯蘭金縣渭源三縣及河州狄道兩州皆無鹽引聽民買食土鹽即白墩子池產也舊例歲徵稅銀共五百七十四兩有奇內臯蘭縣徵銀一十七兩零金縣一十三兩渭源縣六兩零狄道州三十八兩零河州五百兩零均由地方官徵解藩庫隨同丁糧奏銷回亂

平後停稅收鹽將各廒原額併入鹽金惟臯蘭以產區所在加抽鹽銀一十九兩九錢七分三釐每年均由鹽局在鹽金項內按數劃撥解交藩庫

復以西寧府屬附近青海蒙番多運青鹽交易糧食乃由西寧鹽局徵取鹽稅

青海本漢西羌地王莽時置爲西海郡歷後漢魏晉皆屬西羌東晉以後又爲吐谷渾所據唐宋爲吐番地明爲西番地正德四年始爲蒙古所據清時額魯特部落散處其間部落有五一曰和碩特一曰土爾扈特一曰綽羅斯一曰喀爾喀一曰輝特雍正三年編爲二十九旗青海鹽池在青海西南隸和碩特部爲西右翼後旗南左翼次旗及北左翼末旗所轄地周一百五十餘里自西北至東南長五十二里五分自東北至西南寬二十三里三分論其面積約一千二百二十八方里池面遼闊一望無涯池外山巒環繞北有錫喇庫武爾嶺東有敖蘇博嶺西有好來蘇濟嶺綿亘相連惟東南一隅山勢中分池水流出匯於柴集河名曰鹽河又東南流淪於功額細納等池今考青海鹽池產著稱最古漢書地理志言臨羌塞外有仙海鹽池王莽傳言羌部獻納允吾鹽池後漢書西羌傳言永元間曹鳳上書謂西羌爲患常從燒當種起以其居大小榆谷土地肥美又有西海鹽池利故能強大是則青鹽爲羌人利源由來尚矣然以地屬羌番故鹽權之利初無聞焉清雍正初羅卜藏丹津叛詔命川陝總督年羹堯統兵進剿駐軍西寧以邊外池鹽向由蒙番販運入口貿易西寧各屬皆食此鹽於是置官收稅藉助軍需奏設副將一員領兵一千六百名駐紮博羅冲科克地方防守鹽池並將西寧通判移駐彼處專管池務雍正三年青海既平將鹽池駐兵及管鹽通判一律裁撤於西寧口外丹噶爾寺設立互市爲蒙漢交易之處青鹽入口仍不徵稅青鹽質堅味正明潤如品本草圖經謂其形塊方稜色青帶黑者入藥最佳同治十二年酌定鹽章因其可供藥品由西寧鹽局併入藥材抽收鹽銀歲僅十餘兩青鹽收鹽蓋始於此

又以花馬大池銷路甚廣於陝西定邊縣設局抽鹽名曰花定鹽局

花馬大池本在陝甘交界向隸定邊縣爲陝西官地由延榆綏道責成定邊縣丞就近管理池周十六里其鹽天然之產

撈驪卽成鹽池附近又有波羅池娃娃池周皆十里紅崖池周十三里均在池之東南全隸陝境爛泥池周十六里池東九里隸陝西七里隸甘蓮花池周十八里東八里隸陝西十里隸甘則在池之西北凡此五池皆係治畦種鹽紅崖娃娃兩池多爲沙壅產鹽已少大池銷區自嘉慶間停止延漢等處鹽引課攤地丁由各州縣按額徵納解交陝省藩庫此定例也及同治間陝甘總督左宗棠督師秦隴駐兵涇州倣照淮浙鹽釐章程於花馬等池抽收鹽釐以供軍餉回亂既平甘省改課爲釐因在陝西定邊設立局所專辦抽釐謂之花定鹽局定例每鹽一斤抽收釐錢三文自是以後陝省鹽池遂歸甘肅管轄至陝西本省徵收鹽釐始於咸豐八年按照百貨釐章約計貨價每兩抽銀四釐五毫嗣改每兩抽銀二分入境卸載兩道共抽釐銀四分除西同商乾四府州行河東鹽餘皆大池行鹽地陝西鹽釐舊與百貨不分初未另款列報收入之數不可得詳

自是甘肅行鹽以票代引陝西鹽池歸甘管轄鹽法至此又一變矣

甘肅鹽課自攤歸地丁後原有額引照舊行用同治十二年奏准改課爲釐因以釐票代引凡完納鹽釐製票爲據票由總局製就三聯式編號鈐印分發各局依次塡給自此甘省榷鹽以抽釐爲主商販行鹽以釐票爲憑鹽法雖改而各地攤課均未免除仍隨糧納貧民負擔較前益重此又辦理之疏失也

光緒初又將甘涼道屬所產土鹽照臬蘭例亦徵鹽稅

甘涼兩府肅州一州產鹽之地隨處皆有其最大者曰土鹽池周百餘里在高臺縣西清一統志言高臺縣鎭夷營西南有白鹽池周回八十餘里產白鹽疑卽此池也其次者曰蔡旗堡周七十里在鎭番縣西南曰馬蓮泉周四十里在鎭番縣東南曰鹽池堡周三十餘里在高臺縣西北最小之池曰蘇武山曰白土井曰萊家莊曰小西溝皆在鎭番縣境曰哈家嘴曰紅灣皆在平番縣境凡此諸池周約五六里至十餘里不等清一統志言鎭番東北有白鹽池及三墒白鹽池鎭番西南有青鹽池證以現今名稱未能詳考之涼州鹽產以鎭番爲最多肅州鹽產以高臺爲最多甘州府屬產區雖少例如蒙古雅布賴池諸爾士布魯池均在甘涼邊外甘涼各屬皆食其鹽甘涼肅

三府州向無鹽課聽民自由及光緒初倣照皋蘭土鹽之例一併徵收鹽稅約計高臺縣歲徵銀三百六十七兩零鎮番縣二百五十三兩零永昌縣四十三兩零高臺復有盈餘銀五十兩零茲其大概也甘涼徵稅蓋始於此通計甘肅全省惟安西州屬敦煌鹽產仍聽自由則以僻處極邊地多沙磧與此關內情形異也

光緒十年各局暢銷釐入漸旺因將鹽釐歸入百貨並列比較

甘肅鹽釐創辦於甘南推行於全省甘南者漳西產鹽區也課則舊例較重他處故甘省抽釐以漳西爲最重例如蒙花土鹽每斤抽錢自二三文至五文不等西和每斤抽錢九文漳非每斤抽錢十三文科則懸殊約兩三倍鹽質雖有優劣立法究未能平開辦以來漳西收釐歲約一萬串花鹽四千串蒙鹽土鹽收數最少光緒十年各局暢銷漳西增至一萬七千串花鹽一萬九千餘串蒙鹽亦收四千餘兩是爲釐入最旺之時乃將鹽釐比較歸併百貨一律彙報弊端叢生實原於此

無如甘省北路地多鹻鹵土私充斥限制非易

甘肅北路自花馬池西稍北爲寧夏又北爲平羅自寧夏而西南爲中衛又西稍北爲古浪古浪又西北爲涼州涼州北爲鎮番又西北爲甘州又西爲肅州迤西而南爲嘉峪關關以外則安西州也其間地多鹻鹵幾於無處無鹽產地散漫銷路無定大都高臺所產多行於安西肅州二屬及甘州之撫夷廳鎮番所產多行於甘涼二府而武威永昌山丹等縣則兼銷雅布賴池及諸爾土布魯池蒙鹽民間私售久成習慣雖徵釐稅爲數無多至白墩土鹽行銷蘭州府屬產區所在錯入中衛古浪間緊接邊牆邊牆以外復有湯家海子爲蒙古產鹽地相距甚近私販亦甚此皆北路之情形也

東南兩路蒙鹽暢行於北川鹽浸灌於南銷場狹隘無地無私

自花馬池南稍西爲靈州運而南稍東爲環縣又東南爲慶陽府爲寧州折而西南爲涇州靈臺自慶陽而西爲鎮原爲固原州自涇州而西爲崇信又西北爲平涼府又西爲隆德爲靜寧州又西爲會寧爲安定是爲甘省東路自秦州而西爲伏羌寧遠西北爲鞏昌府又西北爲渭源又西北爲狄道州自秦州而南爲徽成東爲清水東南爲兩當西南爲西和

禮縣又南為階州自鞏昌而西南為岷州為洮州是為甘省南路東南兩路例如漳西井鹽行銷鞏昌秦階鞏秦所屬半食蒙鹽洮西銷路僅在岷洮及成縣等處花馬小池行銷平慶寧固涇慶寧所屬多食蒙鹽小池銷路僅在平固涇州及安化縣之西峯鎮此蒙鹽行銷所由暢也而固原州屬有紅溝池面積甚廣北界中衛西接靖遠海城分縣有甘鹽池周亦十餘里均產土鹽行銷本處階州一帶附近川邊川私侵入由階州之姚家渡文縣之梁家壩浸灌甘南銷數不少固皆侵佔銷額者也

大池之鹽本銷陝省回亂以後興漢則有川私延鳳則有蒙私鹽壅銷滯轉行甘境

陝西興漢界連川邊故射洪南閬之鹽侵入漢中大寧雲陽之鹽侵入興安私運私銷久莫能禁咸豐年間陝省創辦釐金川鹽入陝比照百貨一律抽釐由是漢南一帶川鹽日多同治初又復借地收釐助濟軍餉歸川省代收名曰濟陝鹽釐實做濟楚之例同治三年始行停辦嗣以川東私鹽多由水運因於紫陽縣屬之毛壩關設立分卡專徵川鹽自後鹽禁已弛中經回亂花鹽運阻由是階鳳一帶亦受川鹽之侵灌大池銷路僅在延鄜等處然甘省改釐以來各處釐則重於大池商販嗜利往往避重就輕故大池之鹽轉銷於甘境大池區域在蒙漢交界池西毗連鄂套套內鹽池不一而足其與大池相近者曰狗池周八十餘里產鹽甚旺本輕價廉東距邊牆約五里許大池鹽稍貴商販爭赴狗池販運蒙鹽由是延鄜邠鳳又為蒙私所浸灌而甘南一帶且被其影響矣

私鹽紛出互相侵越鹽務情形紊亂若此改釐以後各局稅則輕重懸殊奸商牟利避重就輕局員各顧考成任意減讓弊端叢生收數遂絀

鹽釐始於兩淮其後各省多做行之皆因軍事時代取助餉需故有此權宜之計衡以鹽法實為變例若甘肅改課為釐則以鹽釐為常制迨光緒間又將鹽釐比較與百貨並列商販偷漏釐金多方繞越各局委員以比較關係因開減讓之門用廣招徠之路此效彼尤幾成通弊例如惠安每鹽十駝讓三收七甚有減讓四五成者中條兩局每駝三百斤花定每駝二百

六十斤大都減收其半甚有減讓駝隻者減讓愈多收數愈少招徠之數未必盡入公家釐局弊端莫甚於此

當時籌攤賠款各省鹽斤加價甘省惟將花蒙鹽酌量加收

加價一項自光緒二十一年部議各省加價四文本因籌餉旋改為甲午賠款其時甘省以鹽務情形與東南異未能舉辦二十七年又以籌攤賠款每斤加價四文將惠安花馬小池及花定大池一律照加中衛一條山兩局蒙鹽酌加三文漳西等處均未加收甘鹽加價蓋始於此

光緒三十二年甘肅釐金改辦統捐於中衛一條山創設蒙鹽官局

光緒三十二年甘肅創辦大布統捐照舊日釐章酌量增加嗣因推廣百貨於是鹽釐亦改統捐謂之鹽捐始以蒙鹽多弊設法整理於中衛一條山兩處設立蒙鹽官局定為官商合辦招集股本共銀十萬兩官六商四歲以一萬兩租定蒙古擦漢池收儲鹽斤派員督運嚴禁私販定例每百斤收統捐銀四錢蒙駝運鹽至中衛局每百斤給脚價銀三錢八分至一條山局給脚價銀四錢五分駝夫分運鹽店均在官局領票凡鹽捐加價脚費等項暨一切開支統寓於鹽價之中酌定價目准商人什一取利蒙池起鹽向以斗計每斗重一百八十斤給銀八分名曰斗分租池以後斗一分一項例歸官局作為池租每百斤收銀八分亦由鹽價帶收復以零星商販未領部帖發給鹽照加徵照費每鹽一斤收錢一文每年銷鹽所得餘利按股均分旋將商本剔除專歸官辦三十三年又租同湖昭化兩池歲給租銀五百兩其附近之和屯池達賴把音池那林哈克池概行封禁三十四年續將封禁各池及雅布賴池諾爾土布魯池一律租定歲共租銀三千兩開辦之初不准私相減讓歲運六萬駝約銷一千五六百萬斤然蘭州府屬及甘南一帶雖銷蒙鹽實則領票各商並不運之條山大半攙雜土私影射出售銷數銳減歲止七八百萬斤

皋蘭之白墩子設土鹽官局

白墩池鹽向由釐局兼辦旋以收數不旺招商包銷歲繳鹽釐四千串嗣緣商民滋事仍歸釐局辦理改行統捐始設土鹽官局發銀四千五百兩作為官本所產之鹽由局收買以升計數每升重十八斤分別鹽質酌定價格上等給價二十一文下等

一十九文商販領運除鹽價外每升收統捐錢三十六文加價錢三十六文照費錢九文按斤核計每鹽百斤共收錢五百一十文開辦之初民情稱便歲銷約千餘石後因蒙私浸灌存鹽遂多其鹽味淡而苦製造黃菸多取用之蘭州出產以菸條爲大宗故白墩土鹽銷路倘暢道宣統間歲計銷額約有一百五十萬斤

西寧之丹噶爾廳設青鹽官局

青鹽入口向由西寧釐局徵收鹽釐爲數無幾改辦統捐仍聽蒙番自行駝運酌提收捐光緒三十四年始於丹噶爾廳設立官局發官本銀一萬兩凡蒙番駄鹽由局收買每鹽一斤給青稞一升鹽價低昂視青稞之貴賤鹽捐定例分爲兩項行銷西寧各屬者一謂之本銷行銷蘭州府屬之狄河及甘南一帶者謂之外銷本銷百斤收統捐銀二錢加價錢四百文外銷百斤收統捐銀四錢加價錢四百文惟道路紛歧本銷之鹽率多漏捐官局所收捐價等項全恃外銷歲銷不過三十萬斤

甘涼兩府亦設官局

甘涼肅州鹽向由地方官徵收鹽稅改辦統捐籌備官本於甘涼二府設立官局專理鹽事分爲蒙土兩項產於雅布賴池諾爾土布魯池者爲蒙鹽產於鎮番諸池者爲土鹽蒙鹽每百斤收統捐錢四百文加價錢四百文土鹽每百斤亦收統捐錢四百文加價錢四百文蒙鹽百斤運至涼州給脚價銀一兩五錢運至鎮番給銀七錢七分運至永昌給銀一兩四錢一分六釐二毫土鹽每石運至涼州給脚價銀一兩八錢九分五釐運至鎮番給銀五錢所有從前應徵鹽稅一律停徵即由鹽捐項內照額劃撥其高臺土鹽仍由地方官徵收鹽稅宣統二年始行設局就地抽收統捐要之甘涼肅州產地散漫私取私銷相沿成習雖改行官辦嚴禁私販而事屬創始整理實難故歲銷之額土鹽不過六十餘萬斤蒙鹽不過四十萬斤甘涼等處土鹽計稱皆以雙論雙稱者三十二兩爲一斤也

凡此數處定爲官收商運漳惠花定改設統捐局仍舊官督商銷

漳井及花馬大小池抽收鹽釐向設專局改辦統捐仍舊設立以惠安鹽局舊歸鹽捕通判管理事權不一弊資多端改由統捐總局派員專辦花定鹽局舊設定邊縣該池起鹽論從不論稱運鹽計駝不計斤駝夫每以大駝運出再行分運相距既遠稽查

難周因將局所移設花馬大池起鹽運鹽一律過稱其附近蓮花等池亦各派員巡守漳鹽每鍋貯水十筒熬鹽約得十一塊塊重十斤舊例呈繳九塊按斤收釐所餘之鹽竈戶私賣與商朋分買爲弊藪因將呈繳塊數改爲十塊由局委員守井監熬此皆各就情形酌量變通者也徵收之法漳鹽每百斤收統捐一千三百文加價二百文輩昌巡警費一百文照費錢一百文惠鹽每百斤收統捐銀三錢三分七釐七毫加價四百文照費錢一百文花鹽每百斤收統捐銀四錢加價四百文照費錢一百文漳鹽舊例竈戶工本每百斤給錢七百文惠鹽舊例鹽戶工本每駝二百五十斤給錢二百五十文均由鹽價帶收約計銷額漳鹽歲銷五十餘萬斤惠鹽一百六十餘萬斤花鹽四百四十萬斤

西和井鹽隸於秦州貨捐局

西和鹽關鹽向係就井抽釐所有鹽產聽民自運改辦統捐仍照舊例應收鹽捐由秦州百貨統捐局專派司事駐關經理每斤收統捐錢九文加價四百文先是秦州五屬定爲蒙鹽銷地招商包辦改章後發行運照依舊行銷旋以弊端日生將商包蒙鹽一律停止然蒙私究未能絕禮徽一帶復多川私西和井鹽僅由鹽夫在附近地方自行負售隨糞隨銷積鹽已少歲銷鹽額約計三十三萬餘斤

甘紅土鹽隸於固原貨捐局

甘鹽紅溝兩池產鹽素著惟以產地荒涼鹽戶赤貧鹽味略苦品質較次聽民運銷並無一定稅則改辦統捐始將甘紅鹽由固原百貨統捐局就近收捐每斤收統捐錢二百文加價四百文照費錢一百文售鹽舊例向以車計每車載鹽重五六百斤共收統捐加價等項爲錢二千四百文然其銷路僅在附近歲銷之額約十五六萬斤

哈池土鹽隸於平番貨捐局

哈家嘴池鹽質最下池在平番東南境東距沙井堡三十里南至臯蘭縣北界爲黃河北岸地志所謂大池鹽溝也池之西北有紅灣池在紅城堡附近爲平番南境產鹽較少與哈池所產統名哈鹽其鹽僅銷近地向無釐稅定章改辦統捐始由平番貨捐局就池收捐定例行銷河北者每百斤收統捐錢一百文行銷河南者收錢二百文加價等項概不徵收歲銷約五萬斤

凡此數處祇收捐價任民運售自是甘鹽酌改官辦稍形

整理三十四年抵補藥稅通行加價收數益增光緒三十四年抵補藥稅加價四文以一半解部備抵練兵經費以一半劃歸產銷省分甘肅鹽質優劣不一分別等次酌量加收例如西和惠安花定中條西寧涼州固原等局鹽質最佳每斤均加四文漳井鹽質雖佳稅則較重每斤酌加二文白墩大靖甘州等局鹽質稍次每斤均加二文中衛一局兼辦之同湖蒙鹽鹽質又次每斤酌加一文平番一局所辦哈池鹽鹽質最下銷路亦狹故未議加

無如產地之散漫銷地之混淆徵收方法名目繁多此有彼無各自爲制甘鹽稅則以統捐加價爲大宗其餘細目例如商販運鹽由局發給執照另徵之欵名曰照費嗣改爲鹽課名曰照費改細課目漳惠花定中條白墩固原等局皆有之官辦地方另徵盈餘備還官本名曰餘利惟中條白墩西寧有之中條每百斤收餘利銀二錢三分白墩每石一千八百斤收餘利錢一千一百文西寧每百斤收餘利錢一百文稱捐一項惟固原有之每百斤收錢二百一十文備作局員工薪之用各處情形辦法雖有不同而科則紊亂已可見矣

運銷緝私規畫者少商販之偷漏局員之減讓積習未除弊終難革官鹽存積成本日虧甘鹽情形南有川私北有蒙私西有青私腹地以內又有土私兼之交通不便運輸艱阻就事勢而論整理固難然西鹽務大要自以產銷緝私爲重統捐之法主在收捐仍與釐金無異改章而後例如租定蒙池官收青鹽及白墩土鹽於整理一切未嘗無效故光緒三十三四年銷路尙暢收入最旺究之運銷緝私從未規畫銷無定地則影射多緝私不嚴則偷漏易娟各局積習賄放減讓夫豈能免迨宣統初弊端如故銷路頓減於是有包商之舉矣

宣統二年將中條惠安花定白墩等局分別銷地及西寧本銷招商承領應收捐價令其包繳宣統二年因官辦各處私鹽充斥存鹽過多致虧成本例如中條兩局積鹽二千餘萬斤惠安花定白墩等局爲數亦鉅西寧一局又以番民運鹽隨地灑賣不能不酌量變通於是招

商承銷應收統捐加價等項照例包繳名曰商課條局運省之鹽歲繳商課銀一萬三千兩中衛惠安花定等局行銷慶陽涇州之鹽歲繳五千二百兩行銷平涼固原之鹽歲繳六千兩白墩行銷皋狄河金之鹽歲繳一千六百兩西寧本銷青鹽歲繳三千兩鹽務之弊莫甚商包此則於無法之中設法變通矣

甘涼等局及西寧外銷併歸貨捐甘州官局當開辦之初民情狃於習慣屢致滋事又因官鹽無利裁併百貨統捐局兼辦涼州官局辦理如舊宣統二年照甘州例亦併貨捐局其雅布賴諾爾土布魯兩池蒙鹽則由大靖貨捐局兼辦大靖隸古浪縣東北附近邊牆蒙鹽入口之要隘也復以西寧青鹽本銷業經包商無庸設局所有外銷之鹽應收捐價改由西寧貨捐局兼收中衛局所轄昭化和屯兩池相距較遠改由寧夏貨捐局兼辦祇准行銷寧夏寧朔平羅三縣比皆酌量情形歸併貨捐者也**此又於無法之中設法變通者也矧花鹽加價陝省亦於鳳漢兩府設局專抽一價兩收漏私愈甚**陝西加價自光緒二十四年因舊案賠款加價四文奏准倣照花定鹽釐初章暫加三文在延安府屬之靖定兩縣鳳翔府屬之隴州設局試辦嗣以收不敷支改由花定鹽局代收行之未久復歸陝西釐卡兼辦光緒二十七年新案賠款部議每斤又加四文始行設局專收開辦之初奏准創立官運擬倣川鹽黔岸之例議定官運商銷旋以阻格多端改為加價局無論何項鹽斤運入陝境持有甘省釐票者每斤加價八文其無甘省釐票者每斤加價十六文所有從前三文加價即行停徵是其立法重在杜川蒙之私而花定池鹽遂納兩省加價光緒三十四年抵補藥稅又加四文統計花鹽每斤加價十二文無甘票者概加二十文抽價過重商販爭赴狗池私運蒙鹽花池滯銷轉以滋甚省自為制斯固鹽政之弊矣今以陝省情形論之鳳漢等處雖為花鹽銷地川蒙侵佔相習已久花蒙入陝一由甘省之西峯鎮運入長武一由邠州直達岐山鳳縣以轉漢中川鹽入陝一由保寧府屬之廣元運入陽平關一由鳳縣直達寶雞以轉鳳翔長武一縣為陝甘出入門戶陽平一關為川陝水陸要路當咸豐間創辦釐金已有鹽釐加價以後設局

專辦較爲扼要鳳翔總局由鳳翔知府彙理所屬分局四一曰張家店在鳳翔縣境一曰天堂寺在麟遊縣境一曰高巖在汧陽縣境一曰隴州漢中總局設漢中府所屬分局三一曰方石鋪在鳳縣境一曰陽平關在寧羌州境一曰略陽鳳漢以外又有長武加價局設於長武縣所屬分卡三一曰窰店鎮在長武縣境一曰邠州一曰太峪鎮在三水縣境神葭加價局設於葭州屬之萬戶峪峪濱黃河鄂套蒙鹽由此轉運直達延綏一帶所屬分卡九一曰大會坪一曰譚家坪一曰古城一曰姚家渡皆葭州境一曰神木一曰沙梁一曰姚家溝皆神木縣境一曰哈拉寨在府谷縣境長葭長武神葭於光緒三十二年歸併釐局兼辦收入之數以鳳漢爲大宗光緒三十四年收額最旺約計鳳局實收加價銀二萬七千八百餘兩漢局二萬六百餘兩長武七千餘兩神葭五千餘兩徵收之例俱係收錢易銀儘徵儘解此外雜欵辦法不一鳳局每銀百兩加收火耗銀七錢漢局火耗分爲新舊兩項舊加價火耗每銀百兩加收火耗銀一兩八錢新加價火耗收銀二兩平餘一項惟漢局有之方石鋪略陽每銀百兩加收平餘銀三兩五錢陽平關收銀二兩二錢而長武釐局私收加平每銀一兩收銀六分神葭釐局收銀五分又其弊也然當時新政肇興經費所需往往就地籌捐陝省北山各屬多取於鹽謂之化私爲官例如鳳翔鹽店捐歲收捐銀　千兩隴州鹽行捐收錢三百餘串岐山鹽秤捐收銀四十餘兩長武鹽秤捐收錢一百八十餘串綏德鹽票捐收錢四百餘串均係辦理學堂之用附述於此以備證焉

故陝甘鹽務終無起色每年歲入除歸丁攤課及陝省加價外

陝甘鹽課自歸丁後並無更改同光年間改釐改捐鹽價屢加而各地攤課仍未刪除以陝西言之例如鳳翔府屬歲徵攤課銀六千六百餘兩漢中府屬三千七百餘兩興安府屬一千九百餘兩延安府屬一千九百餘兩邠鄜兩州二千三百餘兩綏德州屬清澗縣一百八十餘兩共計一萬六千八百六十餘兩以甘肅言之例如鞏昌府屬歲徵攤課銀四百餘兩平涼府屬二千餘兩慶陽府屬二千八百餘兩涇州固原州四千七百餘兩寧夏府屬中衛二百餘兩秦州屬禮縣一百餘兩階州屬文縣二百餘兩共計一萬四百四十餘兩或儘徵儘解或解不

及額徵收之例各屬雖有不同大都以錢折銀以多報少論其弊端實與錢糧無異甘省收額約計捐價等項共爲十六萬餘兩甘鹽稅入以統捐加價爲主光緒三十二年歲入不過十萬自三十四年加價以後收數漸增約計捐價兩項漳井歲收六千一百餘兩西和三千三百餘兩惠安一萬二千餘兩花定三萬五千餘兩中條六萬餘兩白墩七千餘兩西寧二千餘兩甘涼六千餘兩甘紅哈三池一千餘兩捐價以外則有商包鹽課歲共二萬八千八百兩平遠高臺兩縣鹽稅六百八十餘兩其餘若蒙鹽斗分官局餘利照費改課固原稱捐則屬於雜款者也據宣統三年豫算冊共銀一十六萬七千五百一十八兩有奇夫以鹽產之富銷路之廣而稅入所得僅止此數由於積弊相沿辦法無定漏私過多稅源暗耗果能規畫運銷注重緝私統籌全局竭力整頓陝甘鹽務庶幾可理不有良法抑奚以善其後哉

新疆沿革

新疆蓋禹貢西戎地在甘肅西北漢唐以來皆曰西域按禹貢西戎在雍州外王肅尙書注謂爲西域西域當漢武時始通其地自天山以南爲于闐龜茲等國東接玉門陽關西則限以葱嶺置使者校尉開置屯戍以領護之即今新疆南路自天山以北東則屬於匈奴爲今塔爾巴哈臺西則屬於烏孫爲今伊犁即今新疆北路漢宣帝時鄭吉爲都護治烏壘城始領北道洎乎東漢西域諸國旋絕旋通安帝即位詔廢都護遂棄西域魏晉以降北則烏孫蠕蠕高車鐵勒迭長爭雄常爲邊患南則仍爲于闐龜茲唐貞觀間攘鐵勒平高昌逐西突厥於伊麗河外西域之地悉爲所定置伊西庭三州建北庭都護以領北路安西都護以領南路開寶而後唐室中微北淪回鶻南入吐番逮及五季邊禍不絕宋時遼最強盛天山南北皆降於遼元起朔漠

盡取塞地山北爲阿力麻里及回鶻五城諸王海都行營治軍之所山南爲別失八里諸城置宣慰司元帥府以統之明時瓜州以西地盡棄失其後畏兀兒吐魯番諸族更盛迭衰而山北復分爲四衛特部雖時一朝貢終不能撫而有也清乾隆間蕩平準回定爲新疆新疆之名蓋始於此清初蒙古內附惟準噶爾崛強西北負固不服準噶爾者即明衛拉特部之一也歷康雍乾三朝一討噶爾丹再俘達瓦齊三殲阿睦爾撒納由此準部悉平是爲北疆底定之始時乾隆二十二年也未幾回部波羅泥都霍集占相率叛命移師進討克有諸城由此回部悉平是爲南疆底定之始時乾隆二十四年也開拓疆土凡周二萬餘里建立軍府設將軍以統之並於各地酌設參贊辦事領隊諸大臣俾資鎮攝新疆建置實始於此光緒八年改設行省省制之立又始於此新疆當乾隆間劃烏魯木齊以東地置迪化昌吉等州縣隸甘肅省其餘諸城仍屬蒙回封土歲時朝貢比於列藩咸同以來回匪肇亂南北兩路遂以全陷俄人又復乘機入據伊犁論者多持閉關之議惟時左宗棠督兵秦隴獨主西征疏言重新疆所以保蒙古保蒙古所以衛京師地不可棄兵不可止詔如所請同治十年甘回既定於是移師出關盡復所失地光緒四年奏准改設行省其時伊犁未歸事不果行光緒六年宗棠復申前議計畫甫定而宗棠內召光緒七年伊犁款成俄人反我侵地光緒八年始克實行建省將蒙回封土收隸縣官由此軍府之制變爲郡縣自後歷次增置規模漸備南北兩路凡設道四府六直隸州二共領三十二廳州縣茲考新疆鹽則新疆沿革所宜詳也撮其大概畧述於篇新疆地勢外接英俄內連蒙藏東界玉門西限葱嶺天山諸脈橫亘其中分爲南北兩路新疆一省在甘肅西北東界甘肅西安州東北界蒙古東南界青海南界西藏西南與英屬印度之克什米爾爲界西與帕米爾爲界西北與俄屬七河省爲界北與俄屬斜米帕拉廷斯克省爲界東西七千餘里南北三千餘里葱嶺蔽其西崑崙障其南天山亘其中劃爲南北兩路此又新疆之形勢也天山者葱嶺之支

幹也地層所積鹽質極厚新疆諸水皆導源於葱嶺天山故河流所潴無不產鹽

鹽質因水而生水浮天載地高下無不至東南之水皆匯於海西北之水皆源於山水氣布濩山澤相通故東南鹽產必資海水西北鹽產關係山脈中亞山脈皆起於岡底斯山在西藏阿里部地層所積鹽質極厚水經注引釋氏西域記云阿耨達山有石鹽色白如水晶大段則破而用之安息天竺皆仰此鹽阿耨達山即今岡底斯山也山之北支繞阿里入後藏西邊與喜馬拉雅山脈相接兩山之間爲印度河源所出次北一支曰葱嶺爲後藏新疆與印度北部之界山長春西遊記云出鐵門入大山中行山根有鹽泉流出見日即爲白鹽又東南上分水嶺西望高澗若冰乃鹽耳山上有紅鹽東方惟下地生鹽此方山間亦出鹽大唐西域記亦言出鐵門至吐火羅國其地東扼葱嶺西接波斯南抵大雪山北據鐵門過雪山入北印度境過信度河至信度國信度國出赤白鹽及石鹽信度河即今印度河信度國即今印度爲克什米爾諸境今英領北印度多產礦鹽池鹽所有鹽池均在印度河附近北史西域傳云女國世以女爲王在葱嶺南出鹽尤多恒向天竺興販獲利數倍新唐書言女國在于闐國南即今後藏東北邊也今後藏諸地亦多礦鹽池鹽池之最著者曰查布也薩噶池廣二百五十餘里內產白鹽是其證也葱嶺自克什米爾迤而西北爲新疆之天山橫分新疆爲南北兩路又北與阿爾泰山脈相接爲中俄兩國之界山自克什米爾迤而西南經後藏入和闐境爲新疆之南山亦曰崑崙山綿亘橫貫至青海中部曰巴顏喀喇山山之東北其重岡曰積石山兩山之間爲黃河潛源所出今新疆多石鹽池鹽青海亦有大鹽池則關於山脈也岡底斯山南支諸脈歷衛藏入雲南四川衛藏統曰前藏今前藏鹽池無數其最著者曰公努木擦噶池曰里牙爾擦噶池曰爾布擦噶池曰牙根擦噶池曰必老擦噶池曰那木擦噶池曰馬里擦噶池俱產白鹽曰苦公擦噶池曰那木鄂岳爾擦噶池俱產紫鹽凡此諸池大者廣一百八九十里小者廣五六十里均在牙爾佳藏布河兩岸河之上源出巴薩通拉木山西其東則金沙江源所出揚子江之上源也山之北與烏蘭達布遜山相接烏蘭達布遜山產紫

色鹽亦石鹽也支幹既遠則鹽產所在必賴巨川浸漬之功例如四川鹽井為揚子江之流域雲南鹽井為潞江瀾滄江之流域河東甘肅及蒙古阿拉善鄂爾多斯鹽池為黃河之流域然揚子江流域自宜昌以下無有鹽井黃河流域自解州以下無有鹽池此則地體漸低鹽分漸少雖斥鹵之處間有有鹽產不過硝鹽而已若新疆西藏及印度北部山脈最近故池鹽以外復多石鹽西北鹽產闕係山脈斯實水氣布濩山澤吸化之理矣

漢書敘西域之河匯於鹽澤鹽澤者猶今所謂鹽湖也

漢書西域傳云西域南北有大山中央有河河有兩源一出葱嶺一出于闐于闐在南山下其河北流與葱嶺河合東注蒲昌海蒲昌海一名鹽澤廣袤三百里其水停居冬夏不增減皆以為潛行地下水經注云葱嶺之上河源潛發其水東流謂之北河一出于闐南山其水北流謂之南河兩河相合通為注滀河又東注蒲昌海水積鄗善之東北龍城之西南龍城故姜賴國也蒲昌海溢蕩覆其國地廣千里名曰龍城皆為鹽而剛堅行人所逕掘發其下有大鹽方如巨枕以次相累故蒲昌有鹽澤之稱涼州異物志亦云姜賴之墟今稱龍城剛鹵千里蔟藜之形其下有鹽累碁而生以今地理證之蒲昌海即今羅布淖爾在婼羌縣東北吐魯番廳西南則古所謂龍城者當在淖爾東北例如敦煌境外之白龍堆哈密廳南之戈壁及吐魯番廳以南皆其故地河水自蒲昌伏流侵漬沙磧內結而成鹽新疆諸水均導源於葱嶺天山多含鹽分南路之水全以羅布淖爾為尾閭而今淖爾鹽產反遜他處者蓋上源諸河附近山脈河流所潴鹽分較厚耳至北路之水所匯巨澤例如特穆爾圖淖爾即伊斯色克庫里湖周迴八九百里俗稱鹹海在伊犁外鹽產雖著割歸俄境宰桑淖爾即鴻和圖湖周迴四百餘里在塔城外淖爾之北有鹽湖曰達布遜淖爾產鹽極旺亦隸俄境其隸新疆者惟巴爾庫勒淖爾阿雅爾淖爾額畢淖爾皆產地也

北史載焉耆國有魚鹽之饒龜茲國出沙鹽高昌國出赤白鹽

詳見北史西域傳按漢書西域傳敘述各國物產記載頗詳而未及於鹽惟北史載之謂高昌所產赤鹽其味甚美白鹽其形如玉高昌人取以為枕貢之中國名曰鹽枕唐書西

城傳亦言焉耆有鹽利以今地理證之焉耆即今焉耆府龜茲即今庫車州高昌即今吐魯番廳皆隸新疆南路

唐書載伊州納職縣有陸鹽池庭州蒲類縣有鹽泉鎮詳見新唐書地理志按元和郡縣志載陸鹽池在伊州南六十里隸納職縣池無水自生如海鹽月滿則鹽多而甘月虧則鹽少而苦庭州鹽泉鎮在蒲類縣東北蒲類縣者因蒲類海為名以今地理證之伊州即今哈密廳隸於南路蒲類即今鎮西廳蒲類海即今巴爾庫勒淖爾一曰巴里坤湖隸於北路蒲類產鹽故唐於其地置鹽泉鎮又按唐志所載羈縻州有鹽泊州即今綏來縣境唐時設都督府隸於北庭都護志又載伊吾縣南二里有鹽池海元和郡縣志謂在縣南三百里然據清一統志則謂今哈密南無鹽池海蓋沙磧之地故迹或湮附著於此以備證焉是則

鹽產之著由來尚矣今考新疆產地自天山以北曰迪化迪化本漢蒲類前國唐後庭縣地也乾隆二十五年始置迪化廳隸甘肅省三十八年改設直隸州光緒八年改設迪化縣即省治也產鹽之處曰達阪城即達阪驛附近有昂吉爾圖淖爾一名鹽池海其鹽撈曬成粒色青味正行銷迪化府屬曰昌吉昌吉本漢蒲類後國唐後庭縣地也乾隆三十九年始置昌吉縣隸迪化州改省以後仍隸迪化府產鹽之處在縣屬西北呼圖壁境曰東溝灘其鹽天然凝結所產無多行銷本處曰綏來綏來本漢烏孫國地唐鹽泊州也乾隆四十四年始置綏來縣隸迪化州改省以後仍隸迪化府產鹽之處曰東鹽池曰南鹽池東池鹽色黃白其味純南池鹽色灰白其味雜皆係天然凝結行銷本境並孚遠奇臺縣及塔城廳科布多等處曰鎮西鎮西本漢蒲類前國地唐蒲類縣也乾隆三十八年始置鎮西府領宜木奇臺兩縣隸甘肅省光緒六年改為直隸廳改省以後仍舊設廳產鹽之處曰蒲類海鹽池即巴里坤湖周一百二十餘里在廳之西北其鹽天然凝結色白味苦僅銷附近各處曰精河精河本漢烏孫國地唐雙河都督府屬也光緒十四年始置精河直隸廳產鹽之處曰東鹽池曰五個井曰七個井其鹽撈曬成粒色白味正行銷本境及伊犁府屬又有紅鹽池亦係撈曬而成色紅

味雜僅銷本處考其產區皆屬於額畢淖爾蒙古游牧記云淖爾即鹽海子西域水道記云淖爾一名喀喇塔拉額西柯東西百五十里南北八十里周四百里在城西北冬夏不盈虧戽水於岸自然成鹽伊犁之境是焉仰給故又曰鹽海其北岸即塔爾巴哈臺境也

自天山以南曰焉耆

焉耆本漢焉耆國地唐焉耆都督府屬也光緒十四年始置喀喇沙爾直隸廳光緒二十四年改升焉耆府領新平輪臺婼羌三縣產鹽之處曰新井子曰紫泥泉其鹽揭去土鹻曬乾成粒色白味正行銷本境及迪化府屬並吐魯番等處西域水道記云焉耆東南有大澤曰博斯騰淖爾長二百四十里廣四十里周五百餘里淖爾之側產硝及鹽

曰新平

新平本漢尉犁國唐焉耆都督府屬也光緒二十四年始置新平縣隸焉耆府產鹽之處曰窮可力曰英格可力其鹽色白味正曰西尼爾曰東河灘其鹽色灰味雜皆係天然凝結俱銷本境

曰輪臺

輪臺本漢西域小國漢於其地置使屯田唐為輪臺州光緒二十八年始置輪臺縣隸焉耆府產鹽之處曰塌紅地其鹽天然凝結色黑味劣僅銷本境

曰婼羌

婼羌本漢樓蘭國地唐焉耆都督府屬也光緒二十八年始置婼羌縣隸焉耆府產鹽之處曰羅布莊曰布旦莊曰阿拉港驛其鹽色白味正曰布拉希灘曰凹石峽其鹽色黑味雜皆係天然凝結俱銷本境按漢時西域有婼羌國在陽關西其地淪入戈壁非今婼羌縣也今婼羌縣在羅布淖爾西南

曰庫車

庫車本漢龜茲國地唐置龜茲都督府光緒十四年始置庫車直隸廳二十八年改為直隸州產鹽之處曰巴拉海山其鹽色白曰屈支格其鹽色黃四鄉各莊亦多產其鹽色青皆係天然凝結質味純佳行銷本州

曰沙雅

沙雅本庫車屬沙雅爾城光緒二十八年析置沙雅縣產鹽之處曰阿合墩莊其鹽天然凝結色灰味濇僅銷本境

曰溫宿

溫宿本漢溫宿國唐置溫宿州光緒十四年始置溫宿直隸州二十八年改升溫宿府領溫宿拜城二縣產鹽之處曰可拉阿瓦提其鹽色白光明如水晶曰克濟阿瓦提其鹽色白微紅皆係天然結成巨塊質味純佳曰阿濟克阿瓦提產鹽必須雨後自然凝結色白味苦曰柯坪天然凝結色白味鹻鹽質甚堅用水煎熬方供食用行銷之地俱在本境

曰拜城

拜城本漢姑墨國唐置姑墨州光緒十四年始置拜城縣隸溫宿州產鹽之處曰庫勒呼洛克山其鹽味正光明如水晶曰托孜巴什瑪札山曰古里阿提瑪札山其鹽色紅味正行銷本境按拜城之鹽皆產於山天然結石有紅鹽白鹽之分清一統志云圖格哈納嶺在拜城西南山出白鹽皎然瑩潔遠近資之西域水道記云水經注言北河東流逕姑墨國南姑墨川水注之水導姑墨西北歷赤沙山東南流姑墨川水卽今阿爾巴特河出阿克蘇城北瑪札爾山中東南流繞鹽山東鹽山者自麓至巔赤土壁立土中產冰鹽小者如拳大者如盤光明似水晶水經圖說云天山正幹今謂漢騰格里山亘阿克蘇城庫車城北迤邐而東庫車北山出磠砂紅鹽赤沙山當以此得名水經注言龜茲川水亦逕赤沙山則赤沙綿亘甚遠今考天山支幹在溫宿者有木素爾山在拜城者有鹽池滸山在庫車者有丁谷山丁谷山一名鹽山口驛是則溫宿以東庫車以西山多產鹽故有鹽山之稱

曰烏什

烏什本漢尉頭國唐置尉頭州光緒十四年始置烏什直隸廳產鹽之處曰托司滿山其鹽天然凝結內含石子色灰味劣僅銷本境

曰疏勒

疏勒本漢疏勒國唐置疏勒州光緒九年始置疏勒直隸州二十八年改升疏勒府領疏附伽師巴楚三州縣產鹽之處隨地皆有其鹽自然凝結雜沙泥中色黑味劣僅銷本境

曰疏附

光緒九年始置疏附縣隸疏勒州二十九年改州為府仍隸焉縣在府城北相距二十五里產鹽之處曰塔什密里克莊山其鹽色青紅味甘曰烏帕爾莊山其鹽色白味苦皆係天然結石僅銷本莊曰阿爾瓦特莊其鹽天然凝結色黑味正澄水去泥方可食用僅銷本境

曰伽師

伽師本疏附縣屬伽師城光緒二十八年析置伽師縣產鹽之處曰鬱必磊鹽池其鹽撈曬而成色青味正行銷本境

曰巴楚州

巴楚亦漢尉頭國地光緒九年始置瑪喇巴什廳二十八年改廳為州隸疏勒府產鹽之處曰上斯洛可山其鹽天然凝結色白味正行銷本境

曰英吉沙爾

英吉沙爾本漢依耐國唐為朱俱波國光緒九年始置英吉沙爾直隸廳產鹽之處多屬鹻地天然硝片其味苦濇僅銷本處

曰莎車

莎車本漢莎車國唐為毗沙都督府屬光緒九年始置莎車直隸州二十八年改為莎車府領葉城皮山二縣

產鹽之處曰和什瓦提莊灘曰熱瓦奇莊其鹽色白味正行銷本境及葉城縣曰下英額斯塘莊灘其鹽雜有泥沙質味不純僅銷本處曰葉城葉城本漢子合國光緒九年始置葉城縣隸莎車府產鹽之處曰江格艾思口莊曰庫木什坎莊曰齊盤莊其鹽色黑味苦僅銷本處曰皮山皮山本漢皮山國光緒二十八年始置皮山縣隸莎車府產鹽之處曰帕卡塔哈曰波內阿瓦提其鹽色黃味苦僅銷本處曰和闐和闐本漢于闐國唐置毗沙都督府光緒九年始置和闐直隸州產鹽之處曰伯爾藏莊南石灘其鹽天然石結色白味正曰卡浪古明土沙阿哈其莊天然石結逢雨即消色白味苦曰圖薩拉莊天然土結色白味苦曰奎鴉明塔里什板欄杆天然土結色紅味苦曰奎鴉明塔吾卡子欄杆天然土結色白味濇曰布華明色拉克莊天然硝結色黑味苦曰卡浪古明北伯爾莊天然硝結色白味雜曰哈拉沙爾明哈拉沙莊天然潮結色白味濇俱銷本境曰于闐于闐本漢拘彌國光緒九年始置于闐縣隸和闐州產鹽之處曰自新莊曰叉新莊其鹽賁水曬成色白味正曰白石多洛可曰韋土拉克曰牙阿拉克曰牙提凍曰固拉哈瑪達木溝曰坎塔拉皆係天然凝結色味雜劣俱銷本境曰洛浦洛浦舊屬于闐光緒二十八年析置洛浦縣隸和闐州產鹽之處隨地皆有其鹽天然石結色灰味濇行銷本境其在甘肅安西州外者曰哈密哈密本漢伊吾廬地唐置伊州乾隆年間設立通判巡檢等官初隸甘肅省光緒九年始置哈密直隸廳在敦煌西北爲甘新交界第一孔道產鹽之處曰長流水驛曰一顆樹其鹽撈曬而成色白味苦行銷本境曰吐魯番吐魯番本漢車師前國隋高昌國唐置西州光緒九年始置吐魯番直隸廳產鹽之處曰底湖莊南灘曰雅木什曰葡萄溝其鹽天然凝結色白味佳行銷本境曰鄯善鄯善本漢狐胡國唐屬西州非漢西域鄯善國也漢時鄯善國淪入戈壁今鄯善縣蓋闢展境舊屬吐魯番光緒二十八年析置鄯善縣仍隸吐魯番廳產鹽之處曰梧桐窩鹽池即東鹽池曰西鹽池驛其鹽天然凝結色青味正行銷本境通計全疆共領三十二廳州縣產鹽區域幾占十分之八

南路產地較之北路尤居多數論者謂新疆之鹽或產於山或產於池蘊藏蟠積徧天山南北實爲西北一大產區

新疆一省廣袤二萬餘里面積四百四十餘萬方里地大物博利源繁衍例如吐魯番之棉花阿克蘇之稻米和闐之玉均其特長產物而五金煤鐵之富偏天山南北說者謂中國礦產甲於五洲新疆礦產甲於全國寶藏蟠亘古未洩實其然矣即以鹽產而論新疆山脈鹽質極厚水氣所周自然石結名曰巖鹽即礦鹽也雪峯冰嶺蜿蜒數千里分支環抱萬壑爭流瀦爲湖泊其餘小水支河或流或沒滲入沙磧無不含有鹽分綜考全疆山脈分三大支南山一支自葱嶺東趨至英吉沙爾折而西南至莎車葉城曰英額齊盤山又東迤於和闐曰哈朗歸山附玉河而南入洛浦境又南迤於于闐其間多產鹽又南則綿亘不絕毗連藏界迤於青海矣天山一支自葱嶺東北延袤而趨當疏勒之北其支幹曰烏魯阿喇特山又東迤於烏什曰額圖克山曰喀克沙勒山折而東南經柯坪入溫宿曰薩瓦布齊山其起於拜城庫車之交者曰圖格哈拉山在拜城西南則木素爾山之西幹也又南曰額什克巴什山一名鹽山卽古赤沙山也山形寬廣橫絕庫車北境其間出鹽潔美皆巖鹽也又東北迤於焉耆岡巒糾互名稱不一高峯崛起者曰海都山爲焉耆之北屏卽古敦薨山也水匯集因名海都河流繞焉耆城注於博斯騰淖爾淖爾之側多產鹽卽古敦薨山藪也天山正幹其在伊犁溫宿之交者曰木素爾山又東曰漢格騰里山天山最高峯也其在迪化焉耆之交者曰哈克博達山又東曰博克達山亦天山最高峯也自此東北行則紛布於綏來昌吉呼圖壁諸境自此東南行則綿延於輪臺鄯善吐魯番諸境產鹽之處巖鹽居多其迤北而東者則至鎮西哈密諸境是爲天山之尾閭產鹽之處池鹽居多矣北山一支自額布圖山折而西其首曰哈什山一名哈喇古顏山迤邐西行爲伊犁之北屏分爲南北二支北支經綏定寧遠入精河境山水所匯瀦爲額畢淖爾北路鹽產精河稱最則淖爾爲之也又東迤於塔城陂陁相屬出塔城東北橫障科布多境與阿爾泰山連接山水所匯瀦爲宰桑淖爾其南支經伊犁西南邊入俄羅斯境山水

所匯瀦爲特穆爾圖淖爾即古碎葉川也凡此兩淖爾鹽產雖旺今歸俄有矣山脈既分故新疆河流亦分三大支在北疆者以伊犁河爲綱悉注於特穆爾圖淖爾在科塔之交者以額爾齊河爲綱悉注於宰桑淖爾在南疆者以塔里木河爲綱悉注於羅布淖爾固皆產鹽之所也今新疆之鹽或產於山或產於池或產於鹻鹵之地北路所產以迪化精河爲最佳南路所產以溫宿拜城爲最佳自此而外北則綏來南則焉耆涉車疏附庫車吐魯番等處鹽質亦佳和闐所產純雜各半若北路之鎭西南路之哈密葉城烏什等處質味漸次矣蓋新疆鹽產關係山脈論其豐富實與礦產並著云惟以地處邊陲交通阻絕產溢於銷任民採食故設省以來初於鹽利無所經營新疆當乾嘉之際屯營列戍屹稱重鎭軍需所資率由甘肅撥解其由本地籌取者除屯糧外則有金稅玉稅煤窯稅以及牲畜木植莫不有稅每年歲入不過數萬兩而鹽稅一項初無聞焉蓋其時準回各部仍同藩屬劃設州縣惟鎭迪等處皆在烏魯木齊以東故所有鹽產任其自由殆如蒙古青海之例光緒二十八年始將溫宿府屬酌收鹽稅每鹽百斤徵銀一錢二分行之未久旋即停止三十三年復將精河廳鹽包商承辦歲繳鹽課銀一萬四千餘兩又以迪化縣鹽行銷省會亦由商人包辦歲繳課銀六百兩其後迭次增加共爲四千四百兩宣統元年以迪化包課繳不敷額改設局所由官運賣並於焉耆府屬設局收稅歲徵鹽稅銀一千四百兩按宣統元年曾於塔城設局收稅旋又改爲商包宣統二年將阿喀道屬定爲隨糧攤納每糧一石帶徵鹽課銀四錢此其立法或歸官辦或歸商包或歸攤課大都倣照甘省之例新疆自回

亂後全疆被禍當開省之初瘡痍未復方事休養行政經費悉由內地協助故於鹽權未嘗經營光宣之際北疆戶口倍於從前南疆惟新平婼羌壤地荒僻烏什土墝人民稀少新疆情形漸稱富庶然以交通阻絕實業礦務廢滯莫舉非獨鹽政已也雖光緒末年議收鹽稅而辦法不一用途亦異例如迪化稅入提撥學款爲三千八百兩精河稅入提撥廳署津貼爲二千八百兩蓋創辦之始視同雜稅無所謂鹽政矣夫以新疆一省幾於無地無鹽

鹽質有優劣鹽價有貴賤各地情形彼此互異鹽價貴賤必以鹽質之優劣爲標準新疆鹽價或以斤計或以斗計例如烏什廳屬每斤紅錢一文庫車州屬每斤一二文不等拜城縣屬每斤二三文不等焉耆府屬每斤四文精河廳屬每斤銀二分五厘于闐縣屬每百斤自一兩至一兩五六錢不等此以斤計者也巴楚州屬每斗十六斤銀一錢二分哈密廳屬每斗二錢吐魯番屬每斗二三錢不等此以斗計者也鹽質優劣既不相同價格低昂因之亦異訂立稅則不能不酌量情形分別輕重輕重不一則偷漏繞越弊必叢生此又創辦之未易者也矧產額過多銷路甚少爲今之計祇宜就繁盛之區徵取稅入鹽務之要不外產運銷新疆偏地產鹽緝私非易交通不利運銷亦難若欲興辦鹽政自非內地情形可比祇能暫就繁地設立局所酌行收稅例如迪化伊犁外若古城四達之地東趨哈密北趨蒙古西通省城南通吐魯番南北商貨由此轉輸一都會也吐魯番地當孔道居南北之中亦一都會也自焉耆以西巴楚以東此東城也庫車民富而多賈溫宿膏壤千里逾西爲喀什噶爾當西南之衝俄商由塔什干城過阿賴嶺而入伊爾克什坦英商由北印度踰因都庫什山塔什庫爾干而入蒲犁悉匯於喀城亦一都會也自喀城折而東歷英吉沙爾至莎車再東南入和闐此西城也土地沃衍家給人足和闐爲南路菁華市廛櫛比富庶稱最亦一都會也凡此諸處果能倣照迪化精河一律設局次第辦理於新疆歲入不無裨益迨及成效稍著再行變通鹽務基礎且將由此而立近者中國鐵路漸次興修西北路線一由洛潼至西安抵蘭州逕甘涼出嘉峪關以達新疆是

爲中原直幹一由張家口趨歸化逕蒙古抵科布多以達新疆是爲關外橫幹異時輪軌棣通以新疆鹽產之富鹽質之佳其必運銷於秦隴間內地鹽區難免侵越不有良法何以善後然則規畫新疆鹽務又今日所當籌及者也若欲興辦鹽政則必以限制產額規畫運銷爲第一要義非俟鐵路大通之日豈易言哉

U0467552